JN007421

KPIマネジメント

佐々木一寿

日本経済新聞出版

はじめに　ＫＰＩマネジメントの原則を学ぶ

ビジネスプロセスの「計器」

ＫＰＩ（Key Performance Indicator キー・パフォーマンス・インディケーター）とは、シンプルに言うと、着目すべき重要な「パフォーマンス状況を知らせる計器」のことです。

「パフォーマンス」とは、私たちの日常のビジネスにおける「進捗度」のことだとまずは考えてください。

ビジネスにはプロセスがあり、プロセスを上手く進めるためには状況を把握する必要があります。そのモニタリングを可能にするのがＫＰＩです。

車の運転で言えば、ダッシュボードの計器類がそれにあたります。時間内に安全に目的地に着くために、速度はどうか（速度計）、距離はどうか（走行距離計）、燃料は持つか（燃料計）、といったことがリアルタイムで確認できますが、それを見ながら速度を調整したり、給油の計画を立てたりすることが可能になります。

私たちの仕事にも目標とプロセスがあります。目標を達成するためにはプロセスを把握しておく必要がありますが、それを可視化するための指標がＫＰＩなのです。

ＫＰＩがなかったら？

仮にＫＰＩがなかったとしたらどうでしょう。自動車の運転の例で言えば、走行距離計も速度計もない状況です。不可能ではないとしても、そのプロセス管理は不安を伴うものになるのではないでしょうか。

またビジネスには多くの人が関わります。関係者の間でプロセスについての話し合いが行われるとして、その際に共通して参照できる指標が必要です。

たとえば自動車で遠出をしたときに同乗者同士が走行距離計も速度計もない状況で時間内に安全に目的地に着けるかどうかの議論をすることはなかなか難しいのではないかと思います。

「ＫＰＩはビジネス上での議論をする際の前提になるものだ」ということは、これから導入を考えている方であっても大まかにイメージしていただけるのではないでしょうか。

ＫＰＩ運用はシンプルであるべき

「ＫＰＩは必要だ」ということはすでに認識できたとして、ではどのように設定、管理、活用すればよいか。それに関しては、各人の仕事内容によってさまざまな正解がありえます。

何を目標にしているか、どのようなプロセスか、また必要なプロセス改善の方向性等により必要なＫＰＩは異なります。たとえば車の運転と飛行機の操縦では、自ずと必要となる計器類も異なるでしょう。

その上で、大まかに共通するところもあります。それは、「ＫＰＩの設定、運用はできるだけシンプルであるべき」ということです。

ＫＰＩに関しては、いざ運用を始めてみると、取り扱いが複雑化してきたり、あれもこれもと追加をしたくなってくるものです。もちろん必要に応じて変えたり増やすことは本来よいことなのですが、それによって管理の負荷が上がってしまったり、共有しにくくなったり、不必要なものに気を取られたり、過剰に不安になったり、あるいは根拠なく安心してしまうこともあります。

つまり、KPIを的確に運用できないために本来気付くべき本質的なことが逆に埋もれてしまう、といったケースも思いのほか多いのです。

ビジネス環境は複雑だが……

KPIが複雑化しやすい理由に、昨今のビジネス環境が複雑化していることが挙げられます。そのような状況に合わせようとすると、KPIを追加したい衝動にかられるものです。そしてそれが歯止めなく進んでいくと、なかなか収まりがつかなくなってしまいます。

「あれも必要」「これも重要」とKPIを追加した結果、各KPIの重要度がわかりにくくなったり、関連性・類似性を考慮できない状況になってしまうと、必然的にそれらの解釈にもバイアスが生まれやすくなります。

また、関係者との議論も複雑なものになってしまうかもしれません。とくに部外者の方との意思疎通は決定的に難度が上がってしまうでしょう。

各人の注意力（アテンション）や判断力も時間に限りのあるビジネスの場合はとくに貴重なリソースとなります。いかにバイタリティがあり思考力が卓越したビジネスパーソンであっても、負荷の高い状況が続くとミスをしやすくなってしまいます。アテンションや判断力のコスト（負荷）が小さく行える環境の整備は、各人の力量とはまた別に意識して目指していくべきものと言えるでしょう。

必要とされるＫＰＩを最低限に絞ってシンプルに管理することが、ＫＰＩマネジメントの効果を最大限に引き出す秘訣です。状況把握においてわかりやすく誤解が少なく迅速に判断ができ、改善行動にもすぐに移せる。そのようにプロセス管理を的確かつ簡便にすることこそが大きな目的であり、シンプルなＫＰＩによるマネジメントはそれを可能にする手段なのです。

これから学ばれる方はもちろん、すでに活用をしている熟達者であってもこのことを常に留意しておけば、さらによいプロセス管理が可能になり、ビジネスをまた一歩前進させることができるでしょう。

複雑化したらシンプルにし直す

「必要なものは網羅したいが、多すぎると的確な判断を遠ざけてしまう」

この感覚がＫＰＩマネジメントには重要です。とくに上級者は常にその感覚が研ぎ澄まされていると思います。

増えすぎてきたと思ったら、重複はないか、重要度は高いかといった観点から思い切って削ぎ落としてみることも一案です。なかなか勇気がいるかもしれませんが、測定自体は続けつつ参照しないケースを実際に試してみるなどして問題がなさそうであればＫＰＩから外す、ということも有効なアプローチです。

また、複数のＫＰＩを兼ねるＫＰＩを見つけることができたら、それに置き換えるという方法もあります。

自動車の運転であれば、平均速度が不安定であるならば、時計と走行距離計を目安に都度で到着時間を想定することが重要でしょう。一方で、平均速度が安定していれば時計を確認することで走行距離計をさほど頻繁に見なくても状況はわかりますので、後は速度計を見つつ道路状況に集中して運転をすればよい、といった判断ができます。

いずれにしてもビジネス状況は生き物であり試行錯誤は必要になりますが、負荷なく絶妙で素早い状況判断と改善ができるシンプルなＫＰＩ設定・運用へと習慣的に修正することが身に付けられれば、自身のビジネスプロセスのマネジメントは格段に進化するでしょう。

シンプルなＫＰＩが仮説検証を可能にする

ＫＰＩマネジメントは定量分析の一種であり、定量分析とは「数量をもって分析を行うこと」です。そして定量分析を「総合して」判断するということは、想像以上に難しくその人のセンスが重要になってきます。

数字から自ずと答えが出るということはビジネスでは稀であり、各人が総合的に解釈して意思決定を行う必要があります。シンプルなＫＰＩマネジメントができていれば自ずとその解釈がしやすくなり、判断のセンスが磨かれ、より的確な意思決定が可能になっていくはずです。

そして、ビジネスにおける仮説検証がきちんと行えるようになります。これはビジネスパーソンとして重要な武器を備え持つことにつながります。

一般的にビジネスの仮説検証を行うことを「ＰＤＣＡを回す」と言いますが、きちんと検証ができていないためにＰＤＣＡが回せない、あるいは間違ったＰＤＣＡをしてしまい改善ではなく改悪をしてしまう、といったことはじつは思いのほか多くあります。ＫＰＩマネジメントを通じて検証に熟達することで、ビジネス改善の再現性を大きく高めることが期待できます。このあたりは本書においても重要視していますので本書後半でしっかりと解説していきます。

また上級者は自身で絶妙なＫＰＩを作ることもよく行いますが、シンプルなＫＰＩ運営に熟達すればそれも可能になります（有名なところではたとえば孫正義氏の二乗の法則や、稲盛和夫氏のアメーバ会計システム等があります。応用的であるため本書では触れませんが、ご興味がある方は研究をしてみても面白いと思います）。

すべてのビジネスパーソンにとって、ＫＰＩをあらためて考えてみることはビジネスの全般的なセンスを再確認し、磨くために非常に有用です。

初学者の方であっても予備知識なく理解できるように嚙み砕いた説明をしていますが、上級者の方であればすでに理解済みの箇所は確認程度にしてスキップしていただいても差し支えありません。全体像の把握とさらなる応用を主眼とするならばそのほうが目的に早く進むことができると思います。

初学者上級者ともにご自身のペースにて読み進めていただき、ＫＰＩマネジメントの理解を通じてビジネス全体を俯瞰的に捉えつつ、現場においては個別具体的なセンスを発揮することが可能になる、本書がそのようなきっかけとなれば幸いです。

目次

第2章

第3章 職種ごとの個別KPI 071

第4章

KPIの運用とフィードバック

第5章 運用を効率化する

第6章 KPIの留意点と〝新しい波〟 211

第1章

KPIマネジメントとは何か

KPIマネジメントの目的と使い方

「KPI」は「Key Performance Indicator キー・パフォーマンス・インディケーター」の3語の頭文字を採った略語です。字義的に直訳すると「業績」の「鍵」となる「指標」で、一般には「重要業績評価指標」と訳されることが多いようです。

ビジネスにおいては業績（パフォーマンス）が要求されます。その達成にはさまざまなプロセスがありますが、それらのプロセス状況を定量的に把握するための指標（計測項目と数値）のことを一般的に「KPI」と呼びます。

実際にKPIという言葉はすでにご自身の職場でよく使われているかもしれません。その場合の定義は使う人により、あるいは現場によってまちまちである可能性もありますが、本書においては最大公約数的にシンプルに捉えて、「ビジネスの状況を把握し、打ち手の判断をするための計測データ」だとして解説をしていきます。ご自身の理解でさほど違和感がないということであれば、そのままの認識で差し支えないと思います。

ＫＰＩマネジメントの目的は、シンプルに言えばまさに「把握し、改善する」ことにあります。進行中のプロセスの状況を把握し、必要であれば今後も上手くいくように手を打つ、その判断をするためにＫＰＩは重要なデータとなります。

辞書的・定義的な説明を繰り返すよりも機能や目的で捉えるほうが腹落ちしやすいと思いますので、まずはそれを大摑みに見ていきましょう。

ゴールとプロセスをきちんと意識する

どのようなＫＰＩを設定するか、つまり「何を計測するか」に関しては、仕事の内容によって決まってきます。

仕事には「目標（ゴール）」があり、そこに至るまでの多くの「プロセス」があります。ＫＰＩはその「プロセス」にまつわる数値です。

これが自動車の運転の場合であれば、「ゴール」は目的地に着くことであり、道中の運転はその「プロセス」で、運転を安全にするためにはダッシュボードの「速度」「走行距離」等を確認すると思いますが、それらの計器がＫＰＩのイメージだということは前段でも説明した通りです。また、農産物の生産管理の場合であれば、施設内の「温度」や「湿度」「光量（日照時間）」といったものがプロセス管理の重要な項目となるでしょう。

目的地への移動の際に時間内に間に合わない可能性が出てくれば車の速度を上げたり、農産物にとって好ましい温度や湿度から乖離していればそれを修正することで、それらのプロセスにとってよい帰結がもたらされるでしょう。

私たちの日常のビジネスにより近いところで言えば、営業職であれば受注額、受注数、受注率等が挙げられるでしょう。最終的にはチームあるいは個人の売上額が最重要の目標となりますから、それらに適合したＫＰＩが設定されます。

プロダクト生産部門であれば、たとえば月間目標生産数量の達成のために必要な日次の生産効率を把握するため、生産能力（時間あたり生産数）や不良品率（歩留まり率）といったＫＰＩを設定することで、最終的な目標が達成できるかどうかの判断が可能になります（これらの具体的なＫＰＩに関しては以降の章で詳しく見ていきます）。

図1
KPIとGOALの関係

目標によってプロセスが決まる
GOALによってKPIが決まる

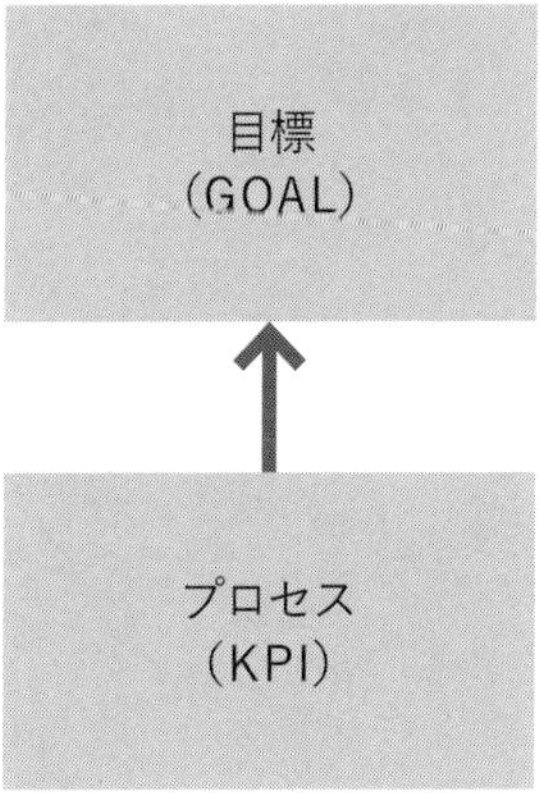

図2
KPIは、目標に合わせて設定する

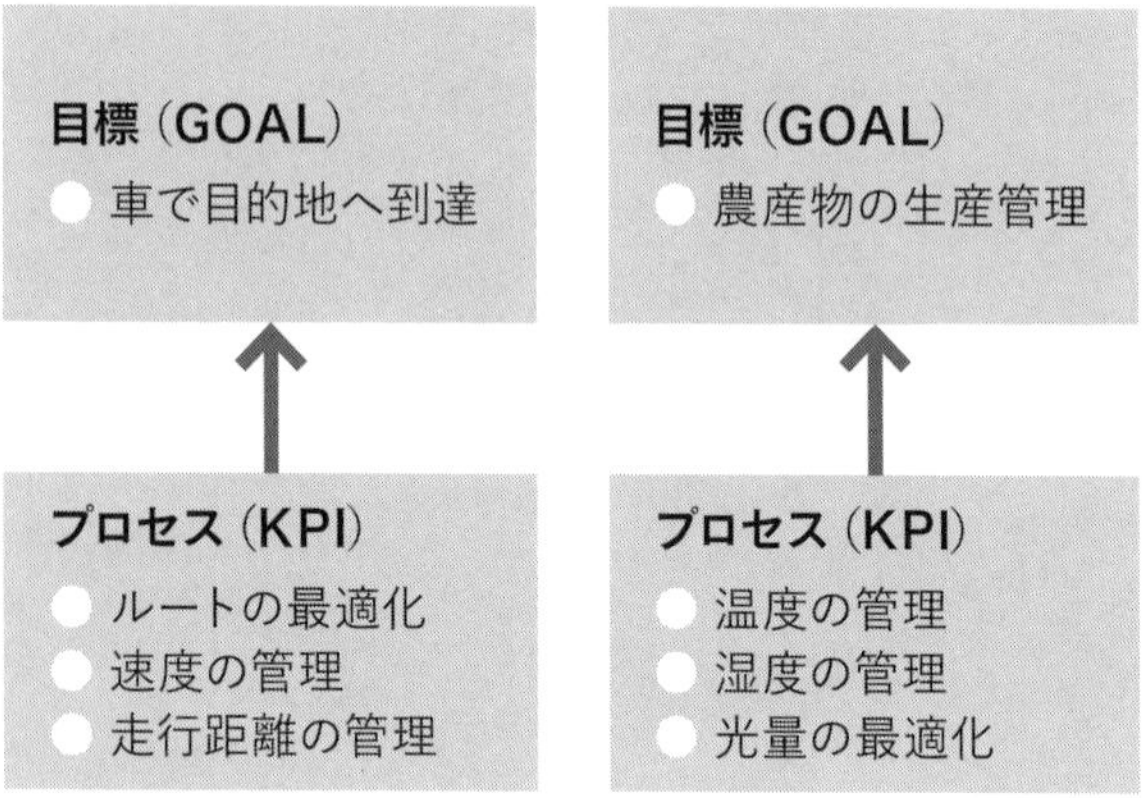

このように、ＫＰＩと一口に言っても業界や職種によって取捨選択されるものはさまざまです。定番的なものもあれば、職場によって特殊なものもあります。

ただ「目標の遂行に対して直接的に有用なものを設定する」というシンプルな原則があることを理解できれば、こと細かく惑う必要はありません。

そして、ＫＰＩが設定されることにより「単なる勘だけに頼らないプロセス管理が可能になる」という認識を持つことがまずは大切だと思います。

ゴールとプロセスに対応するKGIとKPI

最終的に達成すべき目標の数値のことを「ＫＧＩ」と呼びます。Key Goal Indicator キー・ゴール・インディケーター（重要目標達成指標）の略語で、ＫＰＩと似ていますが、ここでは「目標の数字」という大まかな理解でかまいません。ＫＧＩによってＫＰＩが選定されること、数値目標（ＫＧＩ）の変化によってＫＰＩ管理に影響を与えることがあること、あるいはＫＰＩの数値から目標自体が見直されることもある、という関係性がわかればまずは十分です。

先の車の例で言えば、ＫＧＩは「目的地の設定」ということになります。目的地によって運転のプロセスを管理するためにＫＰＩである走行距離や速度を管理します。そして順調であれば目的地を延ばすこともありえる、ということです。ただ通常、ＫＧＩは性質として一度決まると変化しにくいため、日常的には「所与の（決まった）目標値」という捉え方でよいでしょう（新規事業や事業のクロージングといった特殊な環境を除いて、日々の業務においてはＫＧＩに関しての議論はさほど頻繁にはないと思います）。

ＫＧＩは目標の数字、ＫＰＩはプロセスの状況把握と打ち手の判断に資するデータ、ということですから、ＫＧＩは最終的に「帰結」すべき数値であり、ＫＰＩはプロセスの「今とこれから」を考え措置を講じるための判断材料だ、ということになります。

また、同一の指標であってもポジションや役割によって誰かのＫＧＩが誰かのＫＰＩとなることがしばしばあります（たとえばある部署の売上の数字は部署にとってはＫＧＩだが経営陣にとっては全社売上のためのＫＰＩとなる）。そのように考えると、ＫＧＩをＫＰＩに含めて「重要な数的指標」として広義のＫＰＩとして捉える

図3
KGIとKPIの関係

目標によってKGIが決まる
KGIによってKPIが決まる

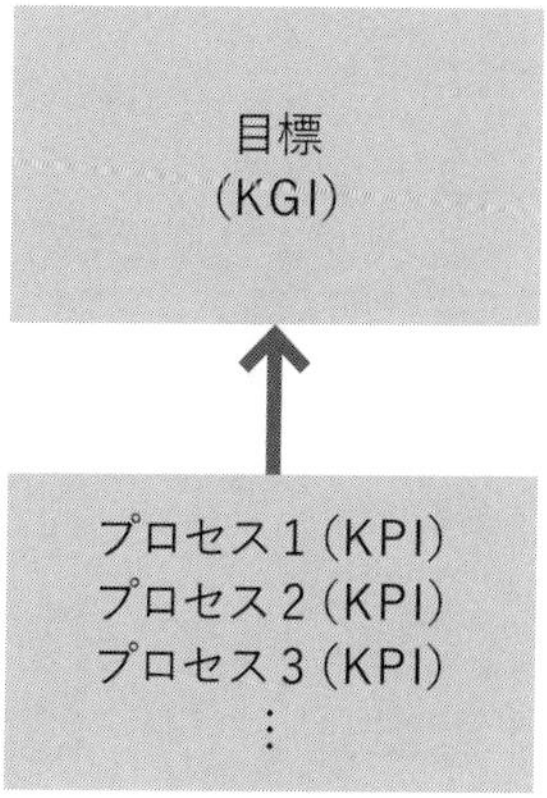

図4
誰かのKGIは誰かのKPI

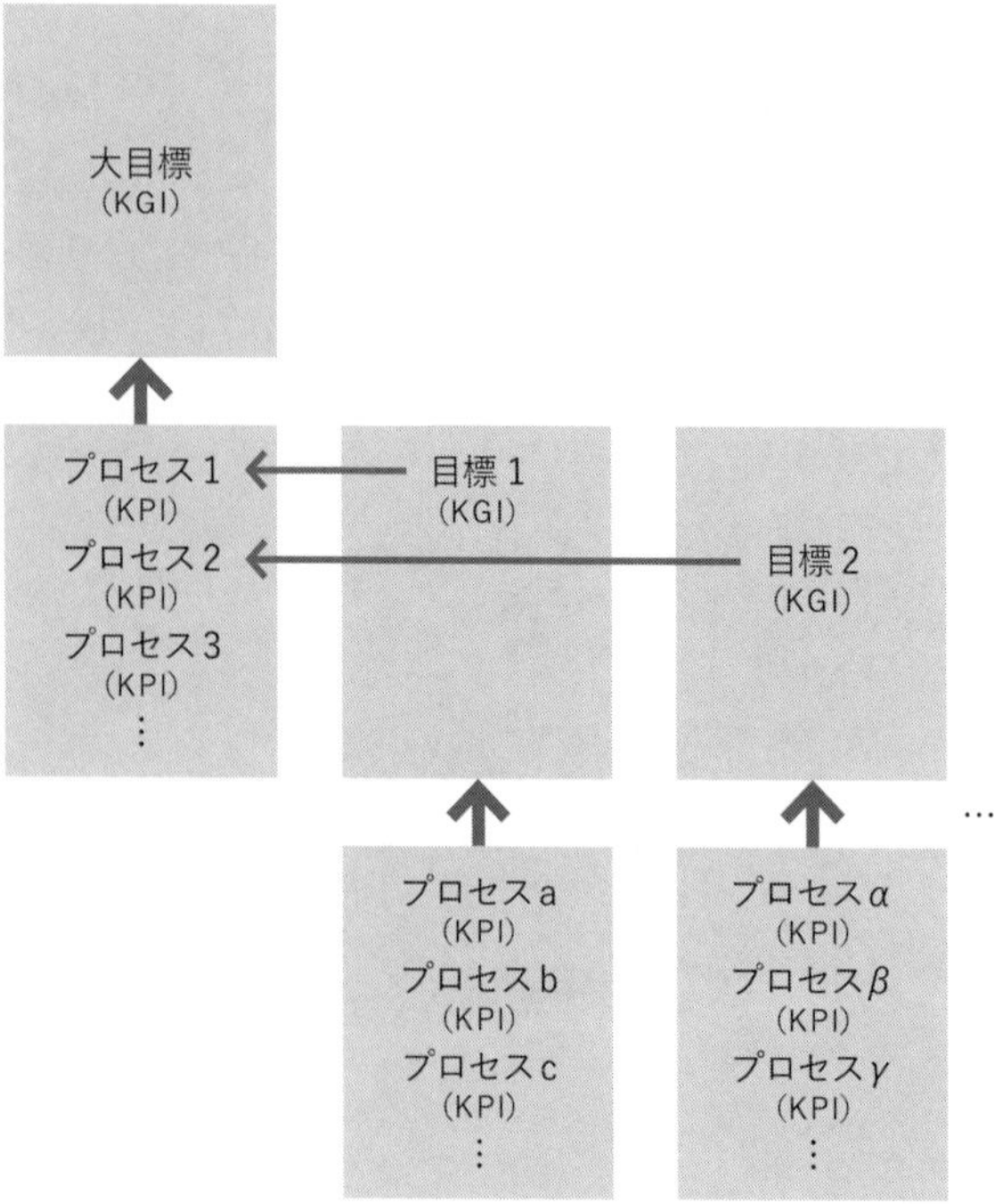

見方があります。一般的に「ＫＰＩ」と呼ばれる場合はこのような使われ方（「ＫＧＩを含むＫＰＩ」）も多いと思います。本書でも差し支えない場合にはこの広義のＫＰＩとして使っていきます。

MBOとKGI、KPIの関係

目標管理として身近なものにＭＢＯ（目標管理制度）があり、導入されている企業も多いと思います。ＭＢＯは個人の業績目標を設定し、その進捗度を定期的に（たとえば四半期ごとに）確認するものです。

ＭＢＯにおける個人の業績目標の設定は、ＫＧＩを個人単位にブレークダウンしたものです。つまりＭＢＯの目標は個人のＫＧＩと考えてよいでしょう。

逆に言えば、ＭＢＯで設定された業績目標を合わせたものがＫＧＩ（課、部、事業部、あるいは全社）ということになります。

ＫＧＩにはそれを達成するためのＫＰＩが紐付きますから、ＭＢＯにも個人が参照すべきＫＰＩがある、ということになります。ＭＢＯに即して、対応するＫＰＩを個人が設定し、それによって個人のＫＧＩ（ＭＢＯの目標）の達成をマネジメントして

図5
チームのKGIと個人のMBO／KPI

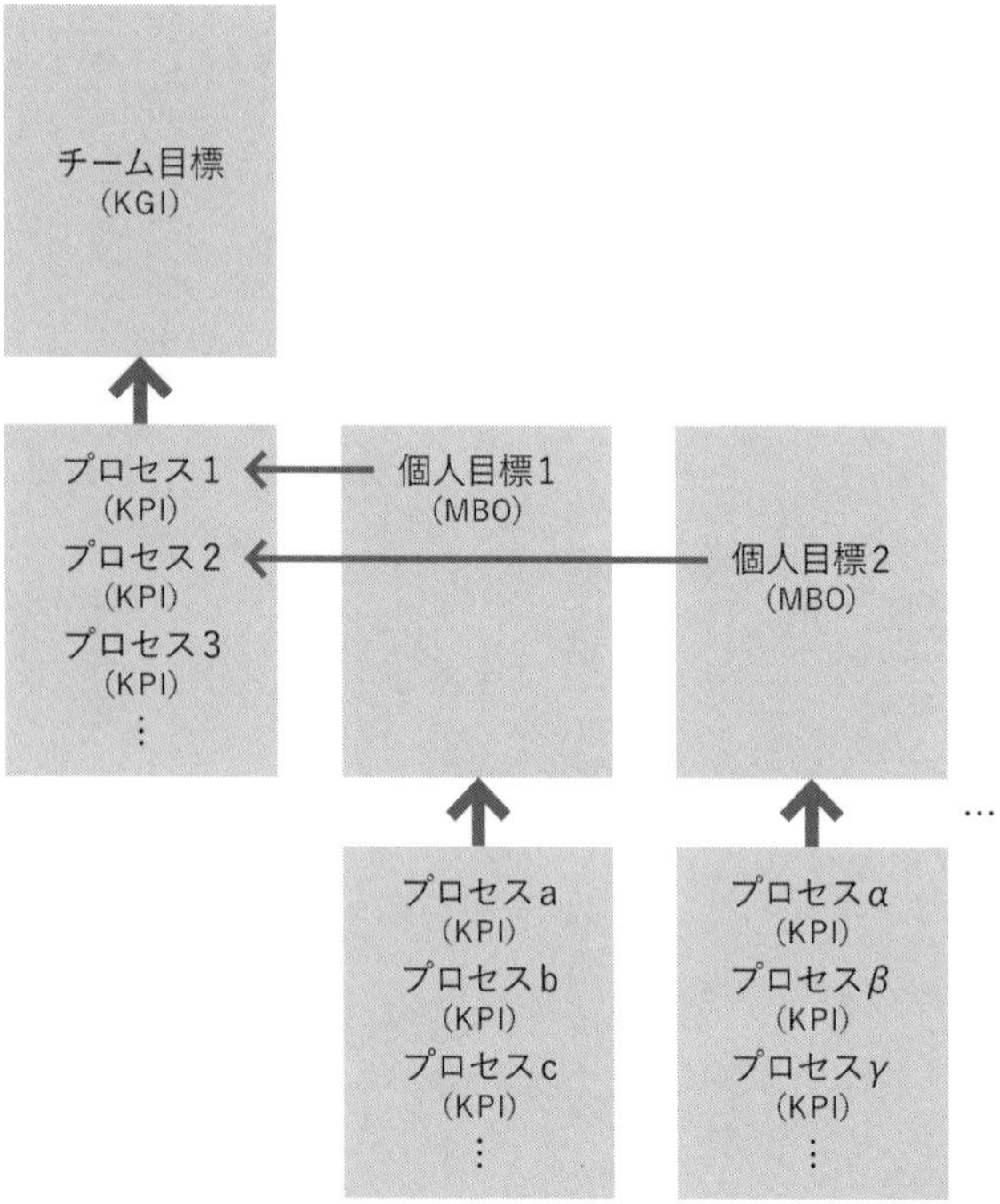

いきます。

自由度の高い「OKR」とは?

OKR(Objectives & Key Results)は急成長するIT企業等でよく聞く指標です。これも目標管理とプロセス管理に関するもので、米インテル社がその発祥と言われ、米グーグル社が導入し成果を上げたことで注目されています。

企業の目標(Objectives)を達成するための「鍵となる結果」(Key Results)を定めて定量的に表し、進捗度をモニタリングします。

その最大の特徴は、KGI/KPIが一般的なものよりもかなりフレキシブルでかつ割り切ったシンプルなものになっているところです。

たとえばオブジェクティブ(目標)が「業界シェア最大化」だとして、それに相応しいキーリザルト(鍵となる結果)が「自社の顧客数の年成長率5割増」だとします。キーリザルトの数値はかなりチャレンジングに決め、その進捗は100%必達を目指すというよりは、70%でも120%の達成度でもかまわず、それ自体が仮説を伴って設定されるもの、という感覚です。またキーリザルト自体を途中で変更すること

図6
KGI／KPIとOKRの違い

	KGI／KPI	OKR
目標設定	達成目標	仮説的な目標
達成管理	必達を前提	最善義務を前提
KPI管理	詳細に検証	柔軟に検証
評価管理	密接に反映	原則反映しない

もよくあります（たとえば「8割増」や「同業他社からの顧客獲得数」に変更するなど）。

製造部門であれば、たとえばオブジェクティブを「業界最高品質」だとして、キーリザルトを「コスト比において2年で2倍の性能にする」というOKRの設定をして、それを達成するための方法を考える、といった具合です。市場の方向性が変わった場合は、目標を修正したり（たとえば「2年で2倍」を3倍にする）、大きく変更したりすることもあります（別の方式の製品で達成を目指す、消費電力を2年で2分の1にする、など。とくに大きな変更は「ピボット（pivot）」と呼ばれることがあります）。

事業環境の変化が激しい業界に対応するために新興企業やIT企業でよく採用される理由も理解できるでしょう。

大別し比較すると、継続的な事業を収益の柱にする一般的な企業は、ＯＫＲの自由さは一方で安定的な管理を脅かす可能性もあるため、より固定的なＫＧＩの設定とＫＰＩ測定による実現プランを好み、一方で事業環境変化の激しいＩＴ企業等は一度決めたＫＧＩに縛られすぎると事業リスクを高める場合も多いため、ＯＫＲ的なフレキシビリティを好む傾向があります。

また、ＫＧＩは（ＭＢＯ等で）その達成度が評価に原則的に結びつくのに対して、ＯＫＲは努力目標として結果が評価に直結しないケースが多いでしょう。

ＫＧＩ／ＫＰＩとＯＫＲは、いずれも定量的な目標設定とその進捗度の管理だという点では共通しますが、運用思想の背景が前記のように異なっている、という理解でまずは結構です。本書では基本的には安定的なＫＧＩを念頭に置いて解説していきますが、必要に応じてＯＫＲにも適宜言及をしていきます。

組織の中でのＫＰＩ

「組織のＫＰＩ」「個人のＫＰＩ」について

各企業によって業績の管理制度の方法や名称は異なるとは思いますが、企業規模が一定以上で大きい場合は基本的にはここまで説明してきた枠組みでの運用がなされているだろうと思います。

ＭＢＯに関する説明でも触れましたが、企業全体のＫＧＩから事業部や課、個人といった単位にブレークダウンされてそれぞれのＫＧＩが決まってくるということ、そして、それぞれのＫＧＩにはそのためのＫＰＩが紐付く、という原則があります。

ＭＢＯが導入されている会社であればＭＢＯ達成のためのＫＰＩが、ＯＫＲで運営されている会社であればＯＫＲを達成するためのＫＰＩが必要です。

ＫＰＩは目標達成のプロセスを見える化するために必要ですが、それはＫＧＩの各階層にそれぞれ存在する、というのが原則です。

組織のＫＧＩにはその実現のためのＫＰＩが必要であり、個人にブレークダウンされたＫＧＩにもその実現のための個人としてのＫＰＩを設定します。そして、組織的に動いていくためには、関連事項を同時に押さえていく必要がありますから、基本的にはＫＰＩは社内的に公にされるものだと考えておきましょう。

自分の〝コックピット〟を作る

基本的なＫＧＩとＫＰＩは社内に公開されたものです。それに、自分なりのものを加えて、自身にとってより仕事のしやすい計器セットを備えたコックピットを作りましょう。自分なりに工夫して設定するところに関しては、必ずしも公にする必要はありませんが、あえて公開すれば同僚と議論することによって新たな発見があるかもしれません。

また、公開しないメリットとしては、自分の裁量でやりながら自由に設定を変えやすいところがあります（たとえば、個人的なＫＧＩが「新規契約数」で、「新規アプローチ数」がＫＰＩだとして、その際に個人的に「業界関係者が集まる社外会合に月３回以上参加する」という目標を設定してみる、など。あえて公表すれば有用な社外会合を教えてもらえるかもしれません）。

このコックピットを作る作業は、どのような業務の担当者であっても個人の創意工夫の感覚が発揮されるところだと思います（これは私がすべてのビジネスパーソンにクリエイティブなセンスがあったほうがよいと思う理由です）。

チームのＫＰＩは話し合いで選択する

組織のＫＰＩとは別に、プロジェクト制等でチームを組む場合、チームのＫＰＩを決める必要がありますが、これに関してはチームメンバーで話し合って策定します。チームメンバーが同乗する乗り物に適した計器は何かを話し合って取捨選択をするイメージです。プロジェクトの方向性や優先順位を具体的に決めることにも直結しますので、チーム全体で納得感の高いものになるようにしっかりとした議論が必要です。

とくに部門横断的なプロジェクトチームの場合は、各人によって目的意識や既存業務との兼ね合いが異なることも多いため、ＫＰＩに関するコンセンサスを形成するための話し合いはとても重要になります（たとえば、新規企画のためのプロジェクトが発足したとして、試行錯誤を伴うKPI達成が所属元の部署の環境下では行いにくい、あるいは齟齬《そご》があるといった状況等があればそれを解消しなければなりません）。

会社と個人をつなぐコミュニケーションツールの核

KPIは会社組織と個人をつなぐ目に見えるツールです。企業理念や年次目標の実現に向かって進んでいく、その戦略を全社で具体的に実行可能にするという意味で、KPIによる数量的な意思疎通はいつの時代であってもどのような企業であっても、また誰にとっても重要であり続けるものと思います。

その意味において、KPIマネジメントは社内におけるビジネスのコミュニケーションの基礎を作るものです。この前提をぜひ意識しながら設定、運用に取り組んでいきましょう。

コラム

ＩＴ、ビッグデータ、ＩｏＴ時代のＫＰＩの捉え方

データ取得の環境の変化とともに、昨今のＫＰＩマネジメントは従来とは少し変わってきています。データ自体が貴重だった以前の時代に比べて、現在は大量かつ即時に入手が可能になってきており（たとえば売上管理、顧客管理、ウェブサイト管理システム等から）、リアルタイムでの打ち手の検証も可能になってきました。また、ＩｏＴ（Internet of Things モノのインターネット化）、公共・民間施設等から大量のデータを逐次で得られるようにもなってきています（ナウキャストデータ等）。それらをどう活用していくかは現在進行形のテーマとなっています。

また、ビジネス以外でもＫＰＩは私たちの身近なものになってきています。ＳＮＳによる影響で、自身のコメントの価値が「いいね」の数、「フォロワー」の数といったＫＰＩで測られ、それが自身への心理的な報酬となり、次のコメントへの強い動機ともなるという強力なフィードバック効果を生じさせてもいます。

また、新型コロナウイルスをめぐる報道でも、さまざまな数値が大きく取り上げられました。感染者数推移、ワクチン接種率等はコロナ禍の現状を把握する上で非常に重要ですが、それらのデータに基づいて適切な対策が打たれているのかどうかが毎日のように議論されてきました。これは社会全体がＫＰＩによってコミュニケーションがなされた例と言えるでしょう。パンデミック以降の切実な状況で意思決定を迫られ続ける中で、その副次的な効用として私たちのデータの見方、扱い方、妥当性の検証への意識は格段に高まったようにも思います。

このようにＫＰＩとそのリテラシーは私たちの普段の生活においても非常に密接な関わりを持つ存在になってきています。急速に進んできたこの流れは今後も不可逆的に続いていくものと思います。

第2章
KPIを設定する

ＫＰＩ設定の「考え方」

前章では概念を定義的に見てきましたが、本章からはＫＰＩの実際の使い方を解説していきます。

まずはどのような考え方でＫＰＩの設定がなされるのかを、企業運営の観点（会社の成り立ち、全体の仕組み）から理解し、ブレークダウンしていき、実際のＫＰＩ設定に落とし込んでいきます。このプロセスを経ることによって、実際に自身が現場で行う際に意義のあるＫＰＩ設定が可能になり、さらに応用力も違ってきます。

また、次章において各ＫＰＩの解説をしていますが、もし説明が断片的だと感じられたならば、いつでもこの章の全体的な観点からの「考え方」に立ち返って整理してみましょう。どのような職種・ポジションの方であっても、ＫＰＩ設定の理由とその役割を全体のつながりをもってイメージしやすくなると思います。

それでは、まずは企業の代表的なＫＰＩ設定について見ていきましょう。

基本になるKGIは利益

一般的に、企業の目的は利益を上げることにあります。損益計算書（ＰＬ）に記載される数字で言えば、純利益、経常利益、営業利益、売上高総利益等があります（コラム参照）。

会社によりどの項目を重視するかの判断は異なりますが、（非営利組織等でなければ）大まかにはそれらの「利益」が全社の共通目標となります。つまり、一般的には、会社のＫＧＩは「利益」の数量ということです。

その会社のＫＧＩの数量に対して経営陣は最終的に責任を負います。もし上場企業であれば最終的な指標は「株価」だという場合もあるかもしれません。株価は資本市場環境等さまざまな要因の影響を受けますが、そのような自身ではコントロールできない外部要因を除いては、つまり内部要因としては会社の利益に最大の影響を受けます（本章末コラム「企業の利益を理解する」参照）。ですから、一般的には会社のＫＧＩは「利益」なのだと考えるとわかりやすいと思います。

図7
企業のKPIマネジメントにおける前提

企業のKGI＝利益

利益目標からのブレークダウン

「利益」が会社の最終的なKGIだとして、たとえば前期比＋20％を目標とする場合、それを実現するためにはどのようにすればよいでしょうか。

利益は、大まかに言って、売上からコストを引いたものです。

つまり、利益を向上させるには、売上を上げることとコストを下げることが鍵になります。

「売上」－「コスト」を前期比の2割増にするために、前期比での「売上を上げる目標」と「コストを下げる目標」が両方必要になります。このバランスはいろいろと考えられますが、最終的には売上を担当する責任者とコストを管轄する責任者の意見を踏まえて、利益の目標（KGI）の責任者、つまり経営陣がそのバランスの方針を決めます。

図8
企業のKPIマネジメントにおける原則

利益	＝売上	−	コスト
KGI	KPI		KPI

このように売上の数値とコストの数値は会社（経営チーム）のＫＧＩ（ここでは利益）に対してのＫＰＩとして設定されたことになります。

製造業であってもサービス業であっても一般的に会計に沿って考えるならば、会社としてのＫＰＩマネジメントの初手はこのように決まると考えて差し支えないと思います（例外に関しては都度で解説します）。

コラム

BSとPL

BS（貸借対照表）とPL（損益計算書）は企業財務の教科書に出てくる基本的な財務諸表ですが、KPIマネジメントの観点から必要最小限に絞ってその意味を確認してみましょう。

まずはBSから考えてみましょう。BSは簡単に言うと、資本（キャピタル、事業の元になる資金）がどのように調達され、それがどのように使われているかを表したものです。持ってきた資本が右側、それで買ったものが左側に資産（アセット）として表されます。会計上の細かなルールがあり右側の資本の部分も左側の資産の部分もその中で詳細に整理されて一般に公表される貸借対照表となります。ルール改正自体もよくあるのですが基本的には「調達された資本を、どう使って利益を生ませようとするか」の布陣を示すものであるということでは通底しています。

KPI的には、資本あたりでの利益を考える、資産あたりでの効率を考える、その中での事業のバランスを考える、といった場合に参照されます。

図9
BSの仕組み

資産の部
資本の部
負債
(Debt)
(あるいは他人資本)
流動負債
固定負債
資産
(Asset)
流動資産
固定資産
株主資本
(Equity)
(あるいは自己資本、
純資産)

図10
PLの仕組み

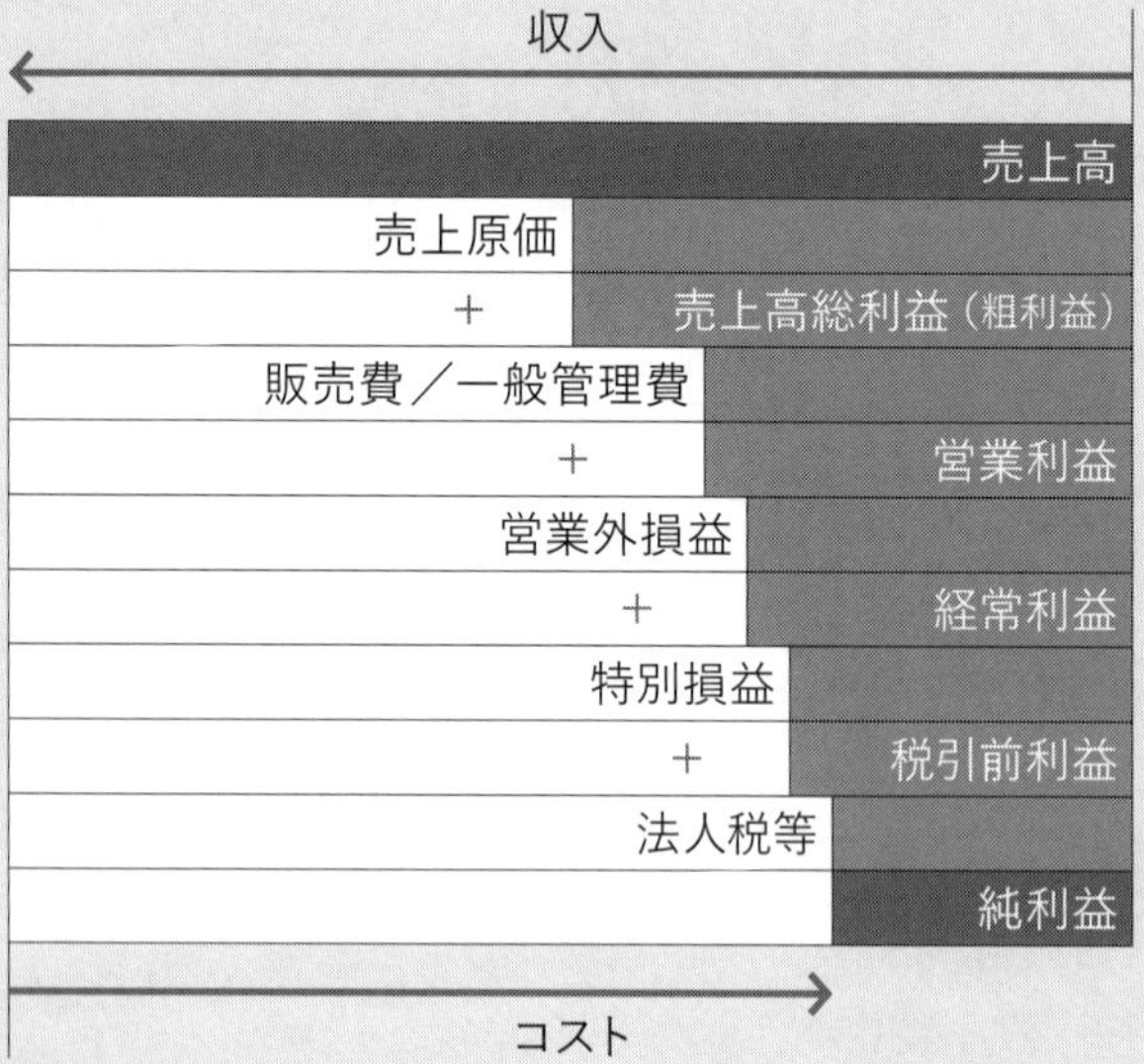
収入
売上高
売上原価
＋
売上高総利益（粗利益）
販売費／一般管理費
＋
営業利益
営業外損益
＋
経常利益
特別損益
＋
税引前利益
法人税等
純利益
コスト

次にPLですが、シンプルに言えば、BSの資産を使っていかに利益（マージン）を上げているかを示したものです。たとえば費用（コスト）をかけて製品を作り、それが意図した売値（プライス）で売ることができれば、その費用と売値の差額が利益となります。これが資産を活用した企業活動であり、その差額分が来期の会社の資産（BS左側）を増やし、また会計処置を経てそれと釣り合う会社の資本（BS右側）を増やします。

このように企業活動は利益を生み出すように行動し、企業の事業規模を拡大していきます。

本書で重視される点を付け加えると、BSに関しては資本の部の自己資本（Equity エクイティ）と負債（Debt デット 他人資本）の分別、資産の部の流動資産と固定資産の分別は重要となります。流動資産は売却等で現金に置き換えることが容易な資産であり、固定資産は生産設備等の長期で保有することを前提とした資産です。とくに経営陣の設定するKGI／KPIには深く関わりますので、それを理解するために必要最低限で押さえておきましょう。

ＰＬに関しては、利益の段階（粗利益、営業利益、経常利益、純利益）にフォーカスされます。利益は収益とコストの差で表されますが、どのコストを控除した利益かが重要になります。

粗利益（売上高総利益）は売上高から製品・サービスの原価を差し引いたものです。

営業利益はそれからさらに販売費、一般管理費を差し引いたもので、直接・間接の営業活動全般が反映されています。

経常利益はさらにそれから営業以外の収益、主に銀行の利子や証券からの配当等の金融的な収支が足し引きされたものです。

純利益は経常利益から特別損益（イレギュラーな活動による収支）を足し引きし、税金等を差し引いた後に最終的に残った利益のことを指します（最終利益とも言います）。

ＫＰＩは利益とコストの指標が多いためＰＬ上の指標がＫＧＩ／ＫＰＩとして

頻出します。煩雑さを避けるために大まかに「利益」としておいてよいことも多いと思いますが、そのような場合でも基本的にどの利益を指しているかは一度確認をしておきましょう。

部門別のＫＰＩ設定

売上高とセールス

売上高を上げるためには、まずセールスを強化することがわかりやすい手段ではないでしょうか。営業部が顧客に自社商品を売ることで売上高は上がります。

会社には商品が複数ある場合がほとんどですから、ここで事業単位での販売実績の

利益↗＝売上↗－コスト

積み上げ目標が設定されます。その目標から、商品（群）単位、顧客単位、といった事業の実際に適した単位で把握され、最終的には販売担当者個人の目標（MBO等）と紐付けられ、整合性が取られます。

個人の目標を足し合わせると部署の目標になりますし、部署の目標は個人の目標にブレークダウンされますが、このとき個人は個人のKGIとKPIを持ち、部署は部署のKGI、KPIを持つわけです。

さらに細かく見ていきましょう。売上を上げると一言で言っても、それはどのようになされるべきでしょうか。多くの場合は、「新規と深化」にブレークダウンされていると思います。

新規とは顧客の新たな開拓です。顧客がそれによって増えれば、売上高もそれだけ増えるということです。

深化とは既存顧客の深掘りです。既存顧客にこれまで以上の購入をしてもらえれば、そのぶん売上高が増えます。

これは部署単位では両方同時に行うことが多いと思います。どちらを重視

① 売上高＝顧客数×顧客あたり単価

② 売上高＝（既存顧客数＋新規顧客数）×
顧客あたり単価

③ 売上高＝既存顧客数×既存顧客あたり単価＋
新規顧客数×新規顧客あたり単価

するかということは事業戦略とも関わってきますので、その戦略に沿う形で決まってきますが、まず大まかには数式①のようになります。

顧客数は「既存＋新規」として書くことができます。数式②のように、顧客数を増やし、顧客あたり単価を増やしていく、その掛け算で売上高が大きくなる、というイメージです。

また、両方を実行する場合、担当者が深化と新規で分かれる場合も部署によってはあるかと思います。

あるいは、新規顧客の単価を別にしたい場合は、数式③のように置いたほうがよいケースもあるでしょう。

いずれにしても考え方としては、売上高がＫＧＩだとすれば顧客数と顧客あたり単価はＫＰＩであり、それをビジネス展開の実際に合わせて上手く設定していく、ということになります。

ブレークダウンされたＫＰＩを日々モニタリングし、ゴールに向かうための工夫を（担当者個人で、あるいはミーティング等を通じてチームで）していく、そのプロセスがこれで大摑みにイメージしていただけるのではないでしょうか。

また、そのプロセスにおいてＫＰＩは業務に必要なコミュニケーションツールなのだということが理解できると思います。

直接のセールス以外にも、売上高を伸ばす施策はあります。マーケティングがそれにあたりますが、こちらは後述します。

プロダクトの生産管理

今度はコストに注目してみましょう。

企業のコストに関しては、まず大きなものとして生産される商品・サービスの制作費があります。制作には、原材料費、加工費のほかに設備の費用もかかります。

設備費に関しては固定的にかかってきますので一度購入されるとコスト改善の余地があまりありませんが、原材料の調達や加工プロセスに関しては状況が変わりやす

利益↗＝売上－コスト↘

く、またコストの改善余地が十分にあるため、ほとんどの企業でなんらかの形でKPIとして設定されていることでしょう。

原材料費も調達物資を単位にしたもの（たとえば鉄鋼1㎥あたりの調達価格）、あるいは製品単位での原材料費を設定します（たとえばある車種の一台あたりの使用鉄鋼の費用）。これをKPIとして設定しモニターしつつマーケットの状況やステークホルダーの事情等を加味して改善策を練ります。

加工費に関しては、工程ごとの効率化をKPIとして設定しモニターすることが多いと思います。たとえば同じ作業にかかる時間を数%削減する、あるいは単位時間あたりの加工量を数%増やす、といった目標設定がよくなされます。

プロダクトの生産においてコストが削減されると、それは上記のように会社の利益への直接的なインパクトになります。

また、生産効率が上がることで、その企業は市場でのプライシングや受注のキャパシティといったさまざまな競争優位を得ることができます。その意

利益↗＝売上↗↗－コスト↗

味でもプロダクトの生産管理は企業にとって非常に重要かつ根幹的なものであると言えるでしょう。

マーケティングの施策と管理

売上を伸ばすために需要喚起を目的に行われる施策群を一般的に「マーケティング」と呼びます。マーケティング施策には通常、費用がかかりますので、「利益」＝「売上」－「コスト」で言うところの売上とコストの両方に影響を与えます。

わかりやすい例で言えば、広告出稿があります。広告を出すには費用がかかりますが、それを上回る売上を得られるメリットがあれば、それは有効なマーケティングと言えるでしょう。

図示すると、上記の通りです。

つまりマーケティングは、基本的には費用と効果（コストとベネフィット）の両方を同時に見ていく必要があり、そのバランス感覚が常に問われる業務と言えます。

また、マーケティングの効果測定はしやすいものとしにくいものがあります。広告出稿を例に取れば、広告による販売量増に関しての測定はさほど難しくありませんが、その広告によるブランドイメージ向上に関しては不可能ではないものの測定はなかなか難しいところがあります。ただ把握が難しいとしても、ブランドイメージは間接的かつ長期的に会社の利益やその継続性に関わってくる重要なものだということは論をまたないでしょう。

現実的には完璧な施策は難しいため、まずは計量のしやすいものを中心にＫＰＩを設定し、マーケティング施策の効果を評価しながら施策を改善していくのが一般的だと思いますが、そのときに効果測定がしにくい要素もあるのだということを忘れないように注意しましょう。たとえば短期的な売上を上げるためにブランド価値を毀損する、といった施策が実際にありうるからですが、それを意識的に回避することができるようになります。

また、マーケティングの効果検証の場合は自社要因ばかりでなく国際的な取り決めや社会的事件といった外的要因が流動的に影響を与えることも多く難解な検証になりやすいため、その都度での柔軟なセンスを求められやすいという特徴もあります。この点もぜひ留意しておきましょう。

研究開発

プロダクトの制作チームとは別で、企業が研究開発（R&D）部門を持っている場合があります。主に新しい商品のためのプロトタイプ開発や新技術の獲得をするのが役割のチームであり、新事業の立ち上げのシーズ（種）や、既存プロダクトの改善を行うための基盤となりますが、会社全体で見ると費用を使って企業に貢献をする部門となります。

R&Dは試行錯誤の連続でもあるため費用／効果が事前に算定しにくく、またKPI設定もなかなか定式化がなされにくい領域でもあります。たとえば研究開発費あたりの特許獲得数といったものはありますが、特許申請をするかどうかや特許自体の難度や有用性がまちまちであることも多く、また製品が上市してはじめて新技術のインパクトが逆にわかるという場合もあり、評価はなかなか難しい傾向にあります。

ただ昨今は「イノベーション」の重要性が叫ばれており、それを促進するR&Dをいかに活発にするかということが（とくにテクノロジー系の企業等では）強く意識されている背景もあります。研究開発を加速させるための環境設定の工夫自体が企業の競争優位性を支えると考える人も多く、優良企業のマネジメント施策が他社から注目されるようにもなっています（有名な例ではグーグル社の20％ルール等）。またKPIマネジメントの観点で言えば、たとえば第1章でもご紹介したOKRの採用は、大まかな対応を可能にするという意味でその流れの一つと言えるでしょう。

経営チームと中期経営計画

最後に、経営チームのKPI設定を見ていきましょう。経営チームは、ここでは狭義では経営陣（取締役と執行役員）、広義ではそれに経営企画を含むものとします。

経営チームはまず、冒頭で見てきたPL（損益計算書）に紐付いた代表的なKPIに大きく責任を負います。「経営目標」とは会社の目的（理念、ビジョン）を具体的にどのように（事業内容）行い、その達成を図るか（業績）ということになりますが、経営チームの責任とは端的に言うと、現在（短期）と未来（長期）において経営目標の達成にコミットメントをする、ということに尽きます。

その上で、策定されることが多いのが「中期経営計画」です。「中期」とは、短期と長期をつなぐという意味合いですが、期間的に言うと3年から5年ほどを示すのが一般的です。

内容に関しては特定の決まりはなく、各企業の特色によりさまざまですが、売上規模、利益額、利益率およびその成長率を具体的な数値で示すことが多く、また、それを達成するために、外部環境分析的な予測やインフラ等の設備投資計画、新規事業計画等を織り込み、具体的な方向性を肉付けしていくといった建て付けのものが一般的と思います。

つまるところ、中期経営計画とは会社の現在と未来を結ぶ経路を示したもので経営チームのコミットメントをＫＰＩ的に表現しているもの、と言うことができると思います。

ここで具体的な企業の例を見ていきましょう。

●例：セブン&アイ・ホールディングス

セブン&アイ・ホールディングスは2021年7月に「中期経営計画 2021―2025」を発表しました。

連結財務数値目標の項目として、EBITDA、営業キャッシュフロー、フリーキャッシュフロー、ROE、ROIC等を挙げ、2025年度に達成すべき具体的な数値を明記しています。

EBITDA、営業キャッシュフロー、フリーキャッシュフローは「利益の額」で、それぞれ会計的な区分において算出されたものです。それぞれを一言でざっくりと言えば、EBITDAは税引前の会社全体の利益の額、営業キャッシュフローは本業による収支の現金ベースの額、フリーキャッシュフローはすべての控除を終えた後の最終的な利益の現金ベースの額です。

ROE、ROICは、投入された資金あたりで見た「利益率」を出したものです。ざっくりと言うとROE（Return on Equity）は自己資本（簿価ベースの株式資本）あたりの収益率を、ROIC（Return on Invested Capital）は自己資本と負債（Debtデット 融資された資金のこと）両方を合わせた資金あたりの収益率を示しています

図11
セブン&アイ・ホールディングスの財務数値目標

	2020年度実績	2025年度目標
EBITDA	6,268億円	1兆円以上
営業 キャッシュフロー	4,567億円	8,000億円以上
フリーキャッシュ フロー水準	1,320億円	4,000億円以上
ROE	6.8%	10%以上
ROIC	4.7%	7%以上

注：営業CF、FCF、ROICは金融事業を除く
出所：セブン&アイ・ホールディングス 中期経営計画 2021-2025

（用語内容に関しては詳しくは以降の個別のＫＰＩ説明も参照ください。また、ＰＬの区分にて統一したい場合は、営業キャッシュフローは営業利益に、フリーキャッシュフローは純利益に読み替えても概観できます）。

ここでまず確認していただきたいのは、経営計画の最終的な目標数値（＝ＫＧＩとなる）はつまるところ「利益額」と「利益率」で表されている、ということです。これを大前提としている以上、そこからブレークダウンされる各種のＫＰＩは、直接的あるいは間接的にその影響を受ける、ということになります。

また、その達成をどう実現していくか、という計画もそれぞれの部署にブレークダウンされた形で中期計画の中で目標化されて示されています（たとえば年ごとのマーケットシェアへの取り組みと予想獲得シェア、新たな事業展開の業績貢献の見込み、投資の計画的実施とその効果予測等）。

これらにより、企業全体の「方向性」と達成目標の「量的程度」を社内そしてステークホルダーに共有します。

社内においてはこれが各部署の目標や個人のＭＢＯまで最終的に紐付いていき、ステークホルダーにおいてはたとえば金融機関であれば融資計画をあらかじめ吟味したり、サプライヤーであれば将来的な生産計画の調整・融通がより容易になるでしょう。

このように中期経営計画は、当該企業の経営チームの企業戦略に深く関わっているものであり、それを具体的に表現したものです。

そして、とくに「絵に描いた餅ではないが野心的」と皆が思える計画であれば、非常に効果的なメッセージとなり好影響を与えうる、といったところも理解できるのではないかと思います。

＊＊＊

ここまで、一般的な企業の基本的な4部門のKPI設定の考え方を見てきました。

また、併せて企業運営の成り立ちや経営チームの経営計画との関連性も大まかに押さえてきました。

まずは企業に必要なKPIマネジメントの全体的なイメージを大摑みに捉えること

ができたのではないでしょうか。

では、次章にて部門別の具体的なＫＰＩを個別解説していきましょう。

コラム

企業の利益を理解する

営利企業である会社の目的は「利潤を追求すること」です。利潤とは平易に言えば「利益」のことです。まず「社会のために役に立つ」ことではないか、という意見もあるかもしれません。それは非常に大切なことだと思います。ただ、それも会社が利益を出し続けることで継続が可能になります。社会の役に立つ方法はいろいろありえますが（＝事業内容はいろいろありえますが）、利益を出し続けられるかどうかに関しては企業であれば一様に問われる、ということです。

言い方を少し変えれば、企業には質的（事業内容で社会の役に立つ）な課題と、量的（利益の多寡）な課題があり、これらはもちろん両方とも重要ではあり

企業価値＝利益÷リスク（割引率）
（　V　＝　c　÷　r　）

ますが、質的なものは見る人によって評価が変わってくるのに対して、量的な評価は誰が見ても一様です。一般的には量的な評価に関して真っ先に問われる、という理解でもよいかと思います。

そして、標準的な考えでは、企業の利益が企業価値を創ります（専門用語でバリュエーション Valuation 企業価値算定と言います）。この概念をできるだけ簡便な数式で説明すると、上記のようになります。

企業価値（V）は株式会社であれば株価（時価総額）だと思っていただいてもかまいません。分子の利益（c）が大きければ大きいほど企業価値が大きくなることがわかると思います。

また、リスク（r）はここでは利益創出の確からしさだと思っていただければと思います。より確からしい利益を生み出す企業は分母のrが小さくなり、Vが大きくなることがわかると思います。

利益を多く、より確実に稼げる企業が、企業価値が高い、と判断

図12
バリュエーション（企業価値算定）の方程式

$$\text{企業価値} = \frac{\textbf{利益}}{\text{リスク（割引率）}}$$

$$V = \frac{c}{r}$$

されます（もちろん質的に評価されるべき企業もたくさんあることはここで特筆しておきます）。

もしrが同じで、cが10億円と20億円の企業があったとすれば、後者の企業価値は前者の2倍となります（これは後者企業を二分割した場合を考えると納得しやすいと思います）。

企業の利益はさまざまに計測されますが、基本的には純利益（最終利益）がバリュエーションにとっては重要です。純利益から逆にたどっていくと、税引前利益、経常利益、営業利益、売上総利益（粗利益）となり、会社の本業収入の原点である売上高に行き着きます（それぞれの説明は本文に譲ります）。

そのどれを重視するかに関しては、業種や職種により異なってきます。たとえば、営業職であれば売上高、売上総利益、営業利益が重要視されるでしょう。ただ一般的には、売上高と純利益が始まりと終わりですから基本的によく見られる、と言えるでしょう。

第3章
職種ごとの個別KPI

前章では会社全体の運営から部門別のKPIへのブレークダウンまでを見てきましたが、本章では個別のKPIの実際の使い方を解説していきます。

また、繰り返しになりますが、各KPIの解説がもし断片的だと感じられたならば、いつでも前章の全体的な観点に立ち返って整理し直してみましょう。

すべての基本となる会社全体のKGI・KPI

これらは財務諸表ベースであり、株主等ステークホルダーへの説明にも必須の重要項目です。

総売上高

総売上高は、会社のプロダクト・サービス等の販売で得られた収入の合計を指します。シンプルに言えば会社の全収入ということになります。

●総売上高
会社のすべての売上の合計

●売上高総利益
総売上高－売上原価

●営業利益
総売上高－（売上原価＋販売費＋一般管理費）

●売上高総利益率
売上高総利益÷総売上高

●売上高成長率
今年の総売上高÷前年の総売上高

●利益成長率
今年の売上高総利益÷前年の売上高総利益

（成長率等におけるプラスマイナス表示の場合は100％を引きます。以降同様）

財務諸表の損益計算書（ＰＬ）のいちばん上に位置することから「トップライン」とも呼ばれ、収入により会社の活動を示す最も基本的な数値です。この総売上高からいろいろなコストが引かれていき、残ったものが会社の利益となりますが、第一に重視されるＫＧＩと言ってもいいでしょう。

複数の事業がある場合は、各部門の売上が足し合わされたものであり、経営者であればこの総額を大きくする、ということが基本的なＫＰＩとして意識されるところとなります。

各事業部門の責任者であれば、経営陣の総売上高の目標値（ＫＧＩ）から自部門の売上目標値がKPIとしてブレークダウンされていきますから、すべての社員の共通目標と言うべき指標です。

また近年では、直近で利益を必ずしも上げていない成長企業の評価指標としても再注目されています（たとえばPSR等、後述）。

売上高総利益

商品やサービスを販売すると収入が得られますが（売上）、商品やサービスには当然ながら原価（製品コスト）がかかります。売上の収入からその売上原価を引いたものを一般的に「粗利益」と呼ぶこともありますが、総売上高から原価費用を引いたものを売上高総利益と言います。

企業価値は最終的には「いかに利益を上げたか」で決まります。その利益のトップラインに最も近いところにある売上高総利益は、企業の収益性の本質をよく表すものとして注目されます。

利益もまたさまざまな費用が引かれて最終的な利益に行き着きますが、まずはこの売上総利益が出発点になります。

プロダクトやサービスが高く売れて、その原価が低ければ、マージン（利益）はより大きくなります。高く売れるためには商品の魅力が高くなければならず、原価を低く抑えるには相応の技術と工夫が必要です。

営業利益

売上高総利益（総売上高－売上原価）から販売費および一般管理費を引いたものが営業利益です。

この数字は、営業部門・マーケティング部門等の費用が考慮されたものです。売上高総利益率がその企業の商品（プロダクト・サービス）の優位性を示すのに対し、営業利益は商品力に加え販売力をも加味するため、その企業の「本業の実力」として重要視されます。製品制作と販売に関して多くの直接部門（バリューチェーン）が関与した営業利益は、まさにその企業の実業の総合力が量として現れる、と言えます。

業態によって、売上高総利益よりも営業利益で考えたほうが実際的な場合には、こちらの数値をより重要視します。

売上高総利益率

売上高総利益の総売上高に占める割合で見たものを売上高総利益率と言います。別の言い方をすれば、売上の中のマージン（利益）の占める割合を見たものです。

たとえば総売上高が１００億円で売上高総利益が20億円の場合、売上高総利益率は20％、ということになります。

売上高総利益率を見ることによって、その企業が高利益体質かどうかがわかり、また同業他社との比較も容易になります。

この数値は業種やプロダクトによってかなり変わってきますが、売上高総利益率が高い企業は競争力が高く、また業界がブルーオーシャン（利潤を生みやすい環境）であることが多く、売上高総利益率が低い企業は競争力が低い、また業界がレッドオーシャン（過当競争で厳しい環境）であることが多いと大まかに言えます。たとえば売上高総利益率が30％の企業と5％の企業では同業種の場合は企業競争力に明確な差があるでしょう。また平均30％の業界と平均５％の業界を比較すると前者はブルーオーシャン的市場であり、後者はレッドオーシャン的な市場である可能性が高いと言えます。この違いは企業努力の方向性に影響を与えうるものです。

企業として目指す方向性は売上高総利益率が高い状態ですが、その実現には外部環境への適応と内部環境の改善が両方とも必要になることは想像しやすいでしょう。市場にライバルが増え成熟してくると（レッドオーシャン化してくると）売上高総利益率は低減する方向に力学が働きます。また企業内改善により売上高総利益率は向上させることができます。この2つの力学がせめぎ合うことで数値が推移することになります。

どのような規模の企業であれ、この数値は会社の本業の優秀さを測る最も基本的なものとして比較することができます。

売上高成長率

総売上高がどれだけ増えているか（通常は1年で）を割合で表したものを売上高成長率と言います。

たとえば前年の総売上高が100億円で今年の総売上高が120億円である場合、売上高成長率は＋20%となります。

企業の評価はいろいろな尺度でなされますが、売上の拡大（成長率で表されます）はその企業の利益額の増大のバックボーンになり、またマーケットシェアの拡大にも直結するため、企業の将来性を見極める際に重視されるものです。とくに新興成長企業にとっては最重要の数値と言えるでしょう。

売上高の成長のためには事業の継続性に加えて、アップサイド（上積み）を得られる相応の企業努力が必要になります。個々の数値目標に反映される部分と会社組織全体での改善が相乗効果となり、アップサイドとしての成果が総合的・最終的にこの数値に現れます。

利益成長率

会社全体での利益が一年でどのくらい増えているか、その割合を示すのが利益成長率です。売上高成長率とともに企業の成長力として注目される数値です。売上高の拡大とともに、コストの改善によっても数値は上昇します。この数値を伸ばすには営業部門と制作部門をはじめ全社的な総合力が高度に必要であり、その企業の利益に対する取り組みの成果がよく現れる指標と言えます。

営利組織としての企業は、本質的には生み出す利益でその価値を測られる（バリュエーション）ことになります。利益が永続的により拡大していくと想定される場合は、企業価値（エンタープライズバリュー、株価）に対してバリュエーション上の大きなプラスのインパクトを生じさせます。

とくに株主から見た場合、経営陣の目的は究極的には利益を生み出し、その利益を増大させ続けることにあります。決算時の重要指標であり、現経営陣が自社の限られたリソースを活用し利益体質を強化するマネジメントができたかどうかが、この数値に現れます。

大企業・中堅企業にとっては中長期的な新規投資（人員増、新規事業開発等）とのトレードオフをどうこなしていくか、というのが経営陣の重要な課題となります。

営業部のＫＰＩ・ＫＧＩセット

一人あたり売上高（ＫＧＩ）

売上高については前述した通りですが、これを営業部員の一人あたり売上高として出す場合があります（営業担当者あたり売上高）。その意図は一人あたりの平均的な売上額を把握した上で、ＭＢＯ等で個々人の売上高の目標の設定を可能にし、達成度を捕捉するためです。

これを数値化することで目標達成のための強いインセンティブが生まれます。ただ、それがあまり強すぎると副作用も生じます。数字合わせのために事業戦略として必ずしも合理的でない行動（たとえば売るべきものよりも売りやすいものを売りすぎてしまう、クレームの元になるような売り方をしてしまう、個人が疲弊してしまうなど）を誘発してしまうこともあります。

新規顧客を獲得しつつ、既存顧客も維持して、
それぞれの顧客から売上を上げる

●一人あたり売上高（KGI）
会社のすべての売上の合計÷営業担当者数

●既存継続率
（離脱前の全顧客数－離脱した顧客数）÷
離脱前の全顧客数

●価格維持率
任意の時点の価格÷基準となる時点の価格

●顧客単価上昇率
任意の時点の一顧客あたり平均単価÷
基準となる時点の一顧客あたり平均単価
（＝総売上高÷顧客数）

●新規顧客率
新規顧客数÷全顧客数（新規顧客数＋既存顧客）

●新規アプローチ数
新規顧客と見込まれる相手先へのアプローチ数

●成約率
成約数÷新規アプローチ数

●新規継続率
新規に契約した顧客が契約を継続する割合

●顧客満足度
顧客が自社の製品やサービスにどの程度充足しているかを計量化したもの

一人あたりの売上高目標を導入する場合は、事業戦略に沿う形で慎重に行う必要があるでしょう。たとえば個人の売上高の伸び率をより重視する、製品ごとの売上高の貢献度（個人の占める割合）に分解する、といった工夫をすることで過度に売上額の最終的な数値を絶対視せずに事業の将来につながる行動を引き出すこともできます。また、目標の数字を実際的にはほぼ実現不可能な（ＯＫＲ的な）大きな数字にして個人間の差を相応に小さく見せる、といったことも数字を追いながら健全なセールスをするための工夫として有効でしょう。

一人ひとりの数字への感受性もさまざまですので「これで万全」という設定はなかなか難しいところもありますが、売上高のＫＰＩは企業にとって非常に影響が大きいものですから、漸進的にであっても個人として納得感があり全体として調和する方法を可能な限り試行錯誤しながら追求していくべきものと思います。

既存継続率

すでに取引のある顧客へのセールスを維持できているか、を見るための指標です。離脱が全くない場合を１００％として、離脱した顧客の割合を引いて算出します。顧客アカウント数で数値化するのが一般的で、100顧客のうち5顧客が離脱した場合は既存継続率は95%となります。取引の一時停止を希望する顧客の場合は復帰がわかっているもの以外は離脱に含めることが多いようです。

また離脱企業の平均売上高を継続企業のそれと比べることもありますが、その意図は直近の顧客離脱が将来的な売上にどれだけ影響するかのインパクトを見ることにあります。離脱顧客の平均売上高が高い場合には既存継続率が仮に横ばいであっても注意が必要です。

基本的にはBtoB(企業間取引)のKPIとなるため期間は年間、あるいは四半期になりますが、一部ITサービス企業等は月次で算出するなど事業特性に合わせた期間を採用します。

業種により水準は大きく異なりますので、絶対値よりは自社の推移状況で判断をすべき指標と言えます。たとえば90%で推移している企業は、その増減を見ていきます。想定よりも低くなってきている場合は、自社の営業が手薄になってきている(内部環境)、商品の魅力が落ちてきている(内部環境、外部環境)、競合の攻勢(外部環境)などが考えられます。

この数値は多くの企業にとって継続的な売上の見込みを支える屋台骨的な指標であり、常に注意をしておくべきものです。

価格維持率

自社製品の市場価格がある期間でどの程度上下しているかを数値化したものです。事業や製品によりますが一般的にはある基準点の価格を100として、現時点あるいは異なる時点での価格の割合を示します。

マーケットでの販売価格には自社の商品力が直接的に反映されます。とくに利益率を考えた場合、高い販売価格はその源泉となる重要なものです。それゆえ高価格を維持することは重要ですが、市場状況や社内事情により値下げをして販売することがあります。その程度を商品（または商品群）の価格維持率で知ることができます。

たとえば、価格についてある基準を100（％）として、その推移が98、95、92、95、92、85、90、85という数値となったとして、その場合に状況を分析して事態が想定内か打ち手が必要かを考える、といったケースがあります。

背景としては、市場の需要過多、自社商品の陳腐化、競合の新商品の評価等が挙げられます。その際、戦略的に値下げをする場合と（市場シェアを高める一時的な施策等）、市場環境に追従して価格を下げざるを得ない場合（最低売上数量確保のための対処等）があります。前者の場合は、自社が主導して短期的にシェアを席巻する有力な戦略オプションにもなりますが、後者のように市場に値下げを強いられている場合は、根本的な対策が必要になることがあります。

また、価格維持率は一般的に長期では右肩下がりになっていくのが通常です。ただ想定以上に右肩下がりでしばらく続く場合は、商品自体の陳腐化も予想されます。長引くようであれば新商品投入等の議論も必要となってくるでしょう。

顧客単価上昇率

売上額を見ていく際に、トータルでのそれを顧客数×一顧客あたり平均単価と分解して考える場合があります。一顧客あたり平均単価は総売上高÷顧客数で算出されますが、その上昇率を示したものが顧客単価上昇率です。

たとえば売上高が10億円として顧客が１０００人であれば顧客一人あたりの売上額（顧客単価）は１００万円となります。この数値が前期は95万円だったとすると、顧客単価上昇率は5・3％（（100万円－95万円）÷95万円）となります。

一般に、顧客との取引期間が長くなると、顧客単価は上がる傾向にあります。この伸びが小さい、あるいは横ばいであれば、既存継続率と併せて状況を見ていく必要があるでしょう。

また、気になる顧客は個社単位でも推移を確認し、平均値よりも低い顧客に対しては自社製品のヒアリングやクロスセル（自社の他商品の提案）を打ち手として検討することも必要でしょう。とくにマイナスが続く顧客は、他社への切り替えを検討している可能性があります。

新規顧客率

既存顧客に対して、新たに獲得した顧客の割合です。既存顧客は重要ですが、その売上に安住していては企業の成長は非常に限られたものになります。新規顧客率の増大は企業の成長に関する先行的な目安となるものです。

ＫＰＩ設定に関しては、全顧客数に対しての新規顧客の割合を出すケースが一般的ですが（全体を10として既存8新規2であれば新規顧客率は20％）、場合により既存顧客に対しての割合を出す場合もあります（同25％）。いずれであっても、現場の実務者であれば達成度を見て、マネジャーであればその水準の推移を見た上で状況判断をします。

一般的に新規顧客の獲得は既存顧客維持に比べて労力が伴いやすく、投入コストあたりの売上高で見ると割に合わないという判断も出てきやすいものですが（たとえば担当者あたり売上高で見る場合には一定の注意が必要になります）、将来的な成長を見据えたリソース配分を行うことも事業にとっては重要であり、その総合的な意思決定をしていくための重要な参照指標となります。

また顧客の新陳代謝が大きい商品特性（一定数使用するとしばらく必要でなくなる商品やサービス等）のケースでは、新規顧客獲得力の向上が企業戦略としてより重要になるため、新規顧客率の変化率を常時モニタリングする場合もあります。

このように企業の戦略に沿って新規顧客率を把握しながら、既存顧客維持と新規顧客獲得のリソース配分のバランスを判断していきます。

新規アプローチ数

顧客を新たに獲得するための初手が、新規顧客と見込まれる相手先へのアプローチとなります。このアプローチの量と質が新規顧客獲得の原動力となりますが、その「量」を計測するための数値です。

新規顧客開拓の担当者であればまず注力すべき目標として新規アプローチ数の確保が挙げられるでしょう。

新規アプローチ数は自社でコントロールができる変数であり、リソース配分（人員と時間）がほぼそのまま数値の向上に反映されます。新規アプローチ数の増大は新規顧客獲得に直接的に効果がありますが、ただ獲得には不確実性も伴います。外部環境（需要が増大する時期か）と内部環境（自社のキャパシティで対応可能か）をきちんと見極めた上で限られた社内リソースを新規アプローチにどの程度振り分けるかを考慮する必要があります。

成約率

新規顧客開拓のためにアプローチした相手先の中でセールス契約が成功した顧客の数の割合です。

新規顧客見込みに対してのアプローチの量と質が新規顧客獲得の原動力となりますが、その「質」を計測するための数値です。質が向上すればこの数値が上がり、新規アプローチ数との相乗効果で売上額を向上させることができます。

新規顧客の成約は既存顧客の契約の継続よりも不確実性が高くなりますが（たとえば成約率が10％を切ることもよくある）、試行錯誤をしながら効果的な施策の知見が蓄積されることによってこの数値も向上していきます。顧客として見込まれる相手先への対応の巧拙がとくに反映される数値と言えます。

ただ、成約率はアプローチ数と違い外部要因にも大きく影響を受けるため、改善に際しては几帳面になることなく大まかな目安として参考にするのがよいでしょう。

図13
新規アプローチ数、成約率、新規継続率の関係

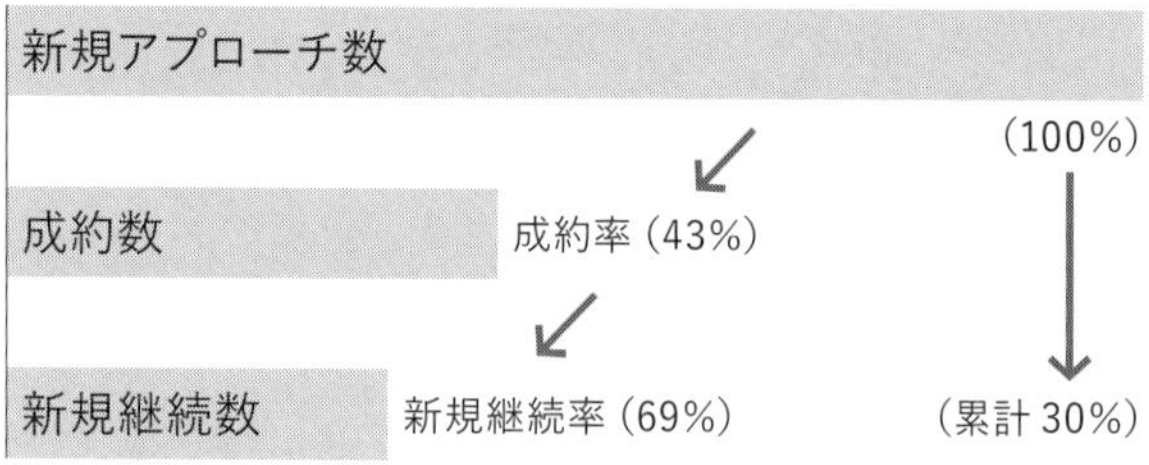

新規継続率

新規に契約した顧客が今後も継続的に契約を続けること（新規顧客の既存顧客化）は、自社の売上拡大の原動力となります。昨今のサブスクリプション的なビジネスにおいてはとくに最重要視される指標の一つとなっています。

現場の実務としては、新規顧客へのリレーションの巧拙がとくに反映される数値です。新規アプローチ、新規成約のプロセスを最大限のコントリビューション（収益への寄与）につなげるためのオペレーションとマネジメントが必要です。このステータスにある顧客のリクエストは頻発するため、担当者個人レベルではもちろんのこと組織的な対応施策が非常に重要です。

顧客満足度

顧客が自社の製品やサービス、対応にどれくらい充足しているかを計量化したものです。顧客満足度は計測の仕方がいろいろありますが、納品終了時のフィードバックや定期的な顧客アンケートで把握するほか、担当者の長年の経験をもとにした感覚で推量する場合もあります。

とくにＢtoＣ事業（一般消費者対象の事業）の場合は最終消費者に対し市場調査を行います。その際に見込み顧客をも対象にした広範な意識調査を実施することもあり、自社製品の認知度やイメージといったいわゆるブランド力を推し量るための調査を含める場合もあります。

顧客満足度の把握は、既存顧客の継続性や新規顧客獲得の見込みを引き上げるとともに、プロダクトの改良のヒントにもなります。

この指標はまた、数量とともに質的な面も非常に重要で（たとえば先進的、安心感、使用時に心地よいといったイメージ）、そのすくい上げ方の巧みな企業はセールス・商品開発ともにより優位に立てることになります。

制作部のKPI・KGIセット

生産高

生産されたプロダクトの総計で、生産力の最も基本的な指標です。制作部門のアウトプットは最終的にこれに集約されます。製品単位、事業単位、企業全体の総計、それぞれで集計されますが、最終的には販売価格（在庫価格）ベースで積み上げた数字で見ることが多いと思います。生産高は売上高の実現の礎となるものです。売上高よりも自社でコントロールがしやすく、市場の需要の大きさの影響を受けて調整されます。

また、生産力の余力を別途計算することもあります。それにより想定する最大の年間生産高を把握することができ（生産キャパシティ）、マーケットの動向に合わせた生産調整の対応の可否が判断できます。

プロダクトを高品質、低コストで必要な供給量を実現する

●生産高
生産されたプロダクトの総計

●制作コスト削減率
制作コストの削減費用(前期の制作コスト－当期の制作コスト)÷前期の制作コスト

●歩留まり率
良品の数(製品の総製造数量－不良品数)÷製品の総製造数量

●時間あたり生産量
総生産量÷任意の単位時間

●リードタイム(製品別)
製品の作り始めから製品として完成するまでの時間

●稼働率
- (生産施設等の)実際の操業時間÷フル稼働した場合の操業時間
- 実際の生産量÷生産能力の最大量

●故障率
故障した生産設備数(量)÷総生産設備数(量)

●技術改善検討量(検討ミーティングの時間数等)
技術的な面の改善点を検討する量(時間・数・頻度)的な目安

●製品ごとのブレークイーブン(損益分岐分析)
製品コスト(固定費＋変動費)が売上額と一致する販売量(額)

たとえば売上高目標の達成は販売営業の受注量によりますが、それを供給し切る生産体制を有することが大前提となります。また、生産キャパシティは業績拡大計画を立てる際の必要条件となります。

ファブレス企業（生産設備を持たないメーカー）の場合は、アウトソーシングされたサプライチェーン（委託された制作過程）の生産能力を契約ベースで調整することになります。

制作コスト削減率

プロダクトを制作するための費用をどれだけ少なくできたかを割合で表したものです。

同一のプロセスにおいて前期との比較をして見るケースが基本となります。前期の制作コストが１００だとして、当期のそれが99である場合は、削減率は１％となります。

運用は目的に合わせることが重要です。目的がプロセスの効率性向上であるならば、プロセス改善施策の効果として見えやすくなるように運用されるべきで、その場合は原材料調達コストの変動や人件費の変動等は排除して設定すべきでしょう（原材料調達のコスト削減を見たい場合は購買担当のＫＰＩとして別途で設定をします）。

このＫＰＩは継続性も重要で、日々の改善が行われているかの指標としても機能します。新規の設備投資により制作コスト削減に寄与する場合もありますが、その場合は既存からの改善と分けて考えるか、影響を加味して判断するなど、継続性に関して工夫する必要があります。

歩留まり率

製品は製造過程で不良品がどうしても一定程度含まれますが、そうした不良品でない製品の、全体に対しての割合のことです。

たとえば製品１０００個あたりの不良品が30個であれば、歩留まり率は97％になります。

歩留まり率は基本的に、制作コストへの寄与度が高く（不良品のコスト分が良品に計上される）、また制作部門の技術力を示すものでもあります。

ただ、歩留まり率の改善のためにプロセスを高精度にすると逆に製造コストが上がることがあるため（たとえば低価格商品の生産の場合）、歩留まり率の適正水準の議論は多角的に行われる必要があります。

改善率として歩留まり率の変化率（歩留まり率増加率）をＫＰＩとする場合もあります。とくに初期から中期にかけての改善速度を見る場合に便利な指標です。

時間あたり生産量

単位時間あたりの生産量は、固定費用のコストへの反映、そして納期の遂行可能性に直結するもので、生産の効率性の中でも非常に重要なものです。スループットと呼ばれることもあります。

基本的には単工程単位で設定し管理しますが、組み立てのために複数の工程をまとめて見る場合もあり、全体的な生産キャパシティを把握、管理するための基礎ともなります。

改善活動を重視する場合は変化率を設定する場合（スループット改善率）もあります。

図14
リードタイムとKPI

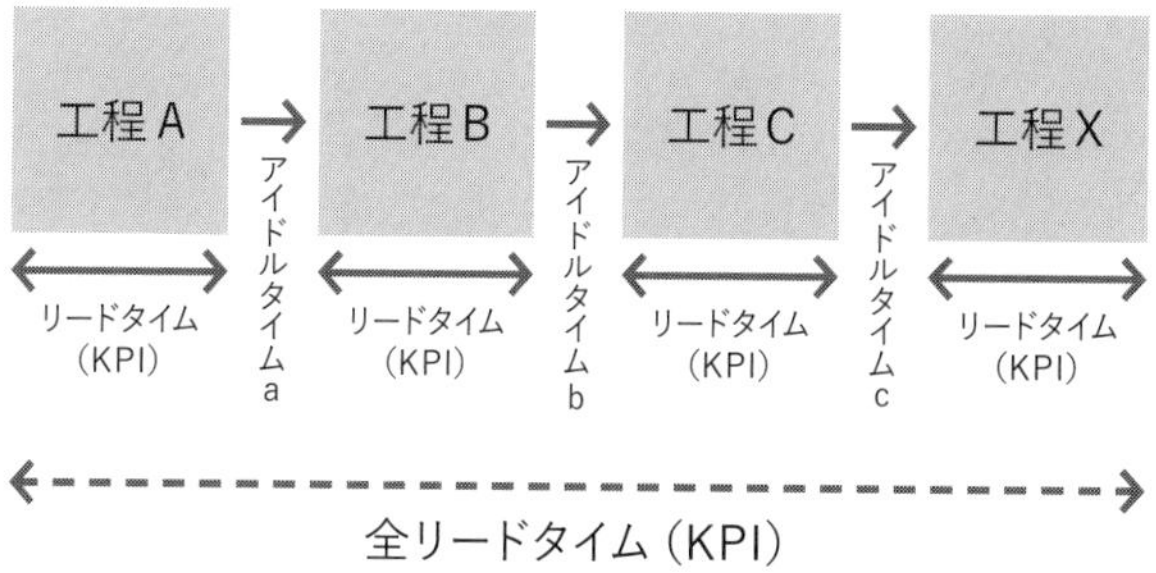

リードタイム（製品別）

作り始めてから各工程を経て製品として完成するまでの時間で、仕掛かり時間とも言われます。これには各工程間の待機時間（アイドルタイム）等すべての時間が含まれます。

生産効率の観点のほか、ロジスティックや会計における在庫管理の面からも重要となります。

リードタイムの短縮には、各工程の時間あたり生産量の増加、パーツの在庫管理、工程間での時間ロスの縮小等が寄与します。

受注生産の場合は納期と売上が直結するケースも多いため、とくにこのリードタイムの改善が重視されます。

稼働率

生産施設（工場等）の操業が全体でどの程度行われているかを割合で示したものです。フル稼働の場合は１００％です。

稼働率は必ずしも高ければよいというわけではなく、納期調整や設備の故障等に備えられるようそれぞれの事業により最適化される必要があります。

また経営陣にとっては設備投資の判断材料になります。たとえばしばらく稼働率が１００％近い推移を続けているとすると、じつは機会損失（もっと売れる機会を逃している）が存在している可能性もあるからです。稼働率の余力の持たせ方の議論は、制作部門と経営陣の双方のコンセンサスが必要となります。

故障率

生産設備の一定期間に故障する割合です。これを把握することにより、修理見込みを出したり、納期遵守に対応することができます。また、新規の設備投資の際にも必要な数字になります。

昨今ではセンサーを組み込んでネットワーク経由で把握し故障率予想を出すケースもあります（ＩｏＴ化）。

とくに稼働率が高い状態で故障率が高い場合は、制作プロセスにリスクが生じやすくなりますので注意が必要です。

技術改善検討量（検討ミーティングの時間数等）

生産過程からのフィードバックを受けて改善点を検討・吟味する量的な目安です。技術改善の量的管理はどちらかというと曖昧になりやすいものですが、重要な項目であることは間違いありません。企業の業態により計り方の工夫はいろいろありえます。検討のためのミーティングが設定されている場合は、その時間の量で計測することが多いと思います。提案を定式化している場合は提案数で測る場合もあるでしょう。

さらなる改善が必要と判断した場合は、技術改善検討量を増やす施策（検討時間を増やす、改善提案数を増やす、頻度を増やすなど）を行います。

製品ごとのブレークイーブン（損益分岐分析）

プロダクトマネジャーが担当する製品のコスト（固定費と変動費）と売値から採算点を割り出し、現況を把握します。各製品のブレークイーブンが集約されると、事業部内や会社全体のリソース配分を最適化する判断につながります。

製品コストはまず固定費がかかっており（Y切片）、変動費は従量的に変化します。一方で売上額は販売量に従います（正比例の直線）。その交点がコストと売上額が見合う点であり、その前後で損益がマイナスからプラスに転じるために損益分岐点（ブレークイーブン）と呼ばれます。

また、固定費（生産設備等）は所与的なものですが、計画実行前であれば数値を変えてシミュレーションをすることができます。

変動費は原料費や生産過程の効率化で下げることができるため（直線の傾きが小さくなる）、損益分岐点を移動させることができます。損益分岐点が有利な水準に移動することで、制作チームは企業の利益に貢献することができます。逆に、原材料が値上がりすると損益分岐点が上方に移動し、採算性が悪化することがわかります。

図 15
損益分岐分析（1） 基本の図

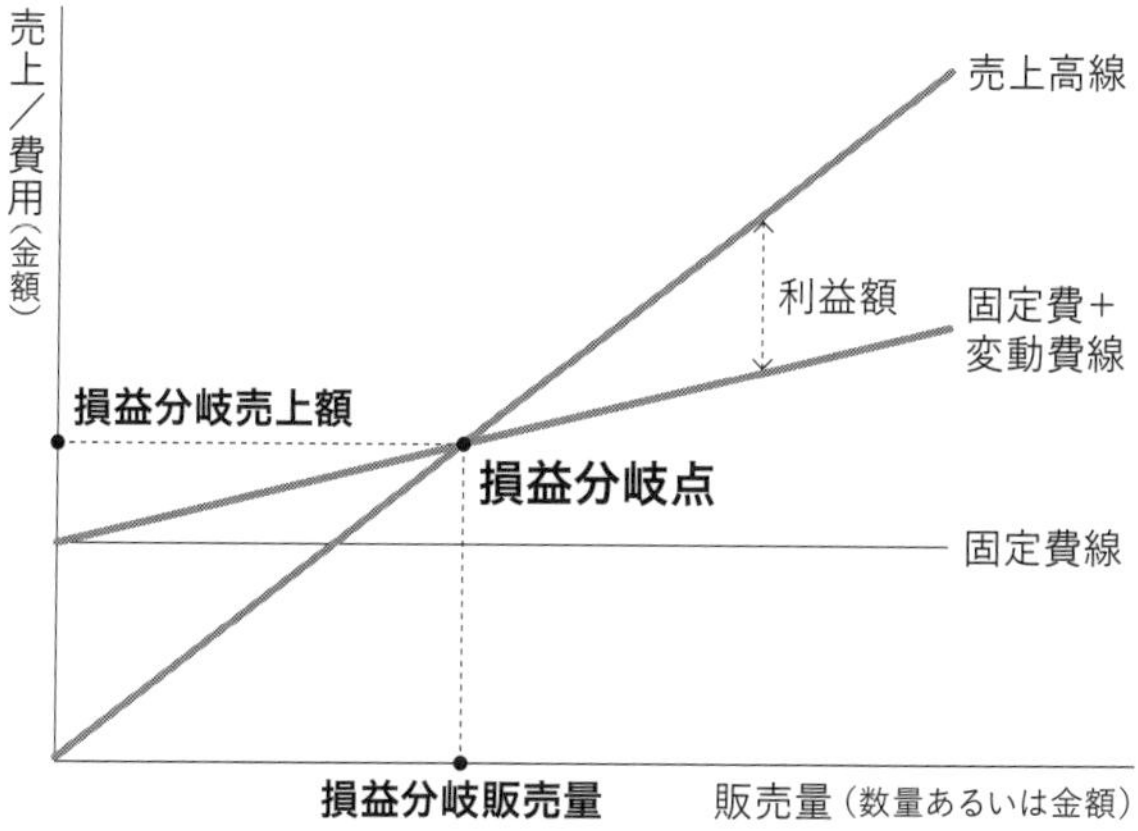

図16
損益分岐分析（2） 固定費が変わった場合

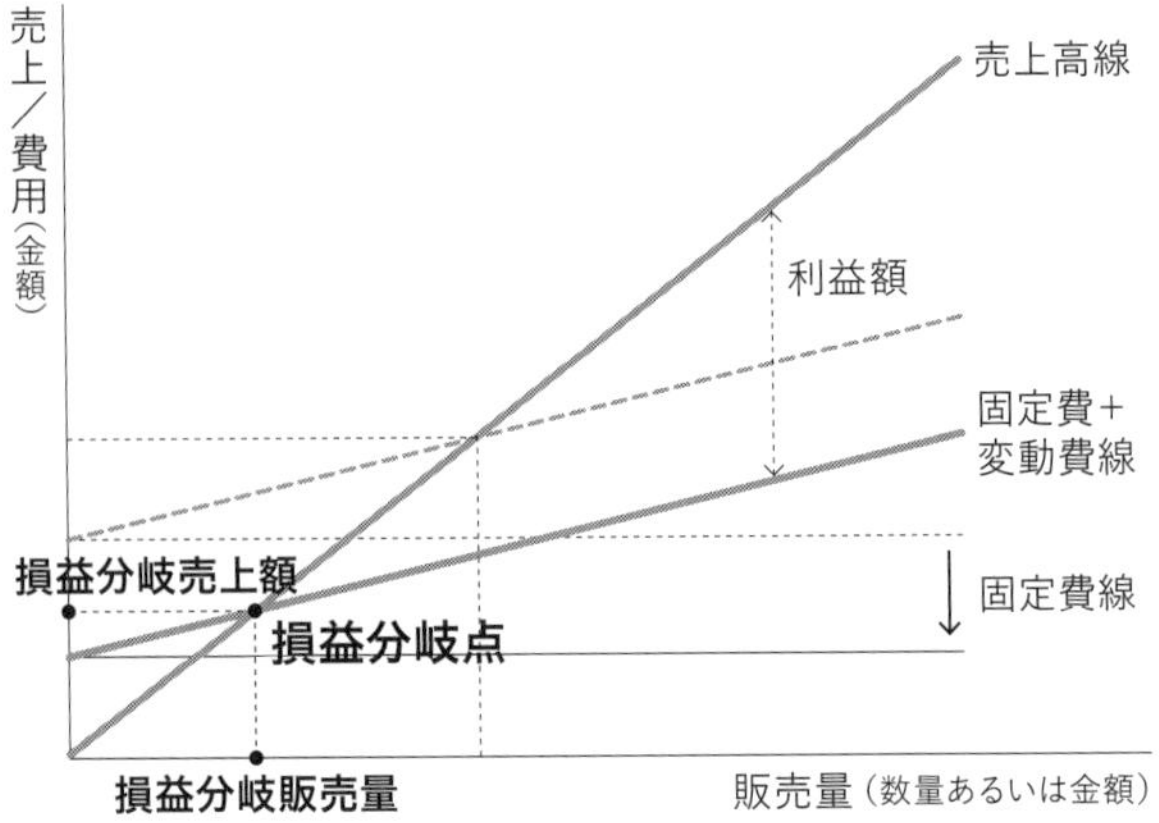

図17
損益分岐分析（3） 変動費が変わった場合

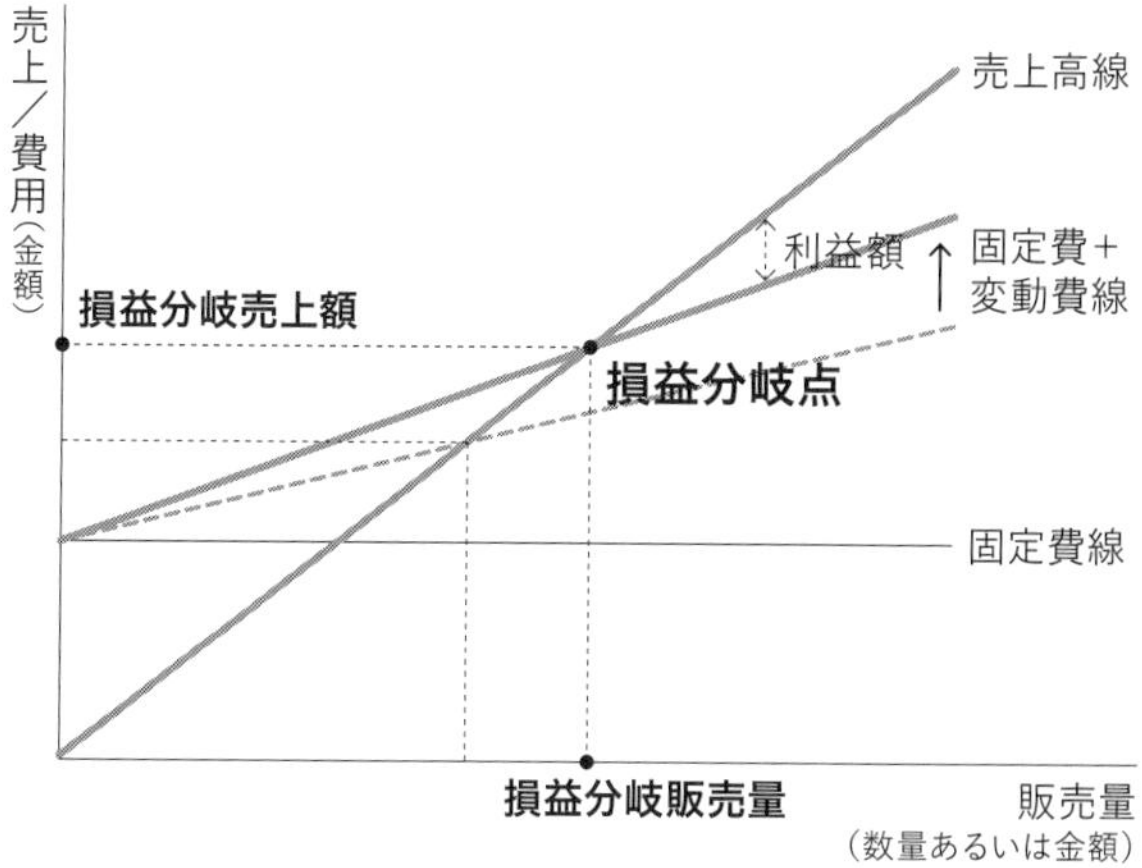

ＫＰＩマネジメントとしては、変動費コストの変化と売上をモニタリングして損益分岐表に照らし合わせて損益を判断したり、改善施策の必要な水準を検討したりします。

マーケティング部のＫＰＩ・ＫＧＩセット①（市場開拓）

市場占有率（市場シェア）

自社の事業ドメインの市場におけるマーケットシェア（売上額の対象市場全体に対しての自社事業の割合）のことです。競合との関係性を把握し、販売戦略、事業戦略を練るための最も基本的な数字となります。

併せて市場の成長度や自社／他社のマーケットシェアの成長度も見ていくことが多いでしょう。

市場を開拓する、また市場に合わせて自社の最適化を行う

●総売上高
すべての売上の合計

●市場占有率（市場シェア）
自社の（対象事業ドメインの）売上額÷
（対象となる）市場全体の売上額

●認知率（イメージ評価を含む）
最終消費者が自社の商品を知っている割合・
どんな印象を持っているかの割合

●体験率（顧客満足度・リピート率含む）
実際に製品やサービスを使用した消費者の、
潜在的なマーケット全体に対しての割合

●フィードバック数・率（アンケート等の回収率と評価）
使用者のアンケートやマーケティングリサーチの回答の
回収数や割合

●エリアカバー率
自社がカバーしている範囲÷想定するエリア全体

●ライフタイムバリュー（顧客の生涯需要量）
顧客一人あたりの長期（あるいは生涯）にわたっての平均的
潜在需要量

●製品あたり広告量（金額あるいは広告費率）
広告費用を製品あたりでどのくらいかけたか

●価格弾力性（価格変動後の数量変化）
価格変動に対しての販売数量の変化率

また、大規模展開されているプロダクトであれば商品・サービスごとでも行います。新商品開発やローンチの計画、自社製品群のカニバライゼーション（共食い状態）をどう見るか、といった議論を行う基となります。

たとえば、自動車メーカーであれば、自動車全体に占める自社の割合を売上ベースで算定します。自動車メーカーが10社あるとして、その市場占有率を上位順に並べることで、自社がその市場のリーダーなのか、フォロワー、チャレンジャーなのかがわかりやすくなり、また採るべき戦略や方策も大まかに意識されてくるでしょう。また、乗用車、商用車（トラック等）といった車種別の市場シェアも同様に見ていくことができます。

市場の要請、社会の要請により、ハイブリッドカーやＥＶ（電気自動車）を新規開発する場合は、新たなエコカー市場の自動車市場に占める割合、エコカー市場内でのシェアとともに、既存自動車市場とのカニバライゼーションを考慮しながら全社方針およびマーケティング施策を判断していくことになります。

スタートアップ企業であれば、潜在的な需要を考えていく際のベースになる市場分析となります。

認知率（イメージ評価を含む）

最終消費者が自社の商品を知っているか、どのような印象を持っているか、という割合を示すものです。認知度が低いと消費者への訴求がそもそも難しくなるため、マーケティング戦略を練る際の基礎的な数字となります。

とくにブランディングを意識する場合は、イメージ評価が重要であり、定期的に市場調査で把握される必要があるでしょう。

この調査には競合の商品を含める場合もあります。自社の商品のポジショニングがこれによってより明確になります。

また、商品にもよりますがたとえば「この商品を知っているか」「○○と言えばどのような商品・ブランドを思い出すか」「この商品はどのようなイメージがあるか」といった質問をして、認知度の高低や質を測ります。

この調査は、実際にすべての消費者を対象に実施することは難しいため、基本的にはサンプル調査（全体を推し量るための部分抽出的な調査）となります。全体の推測が可能な精度となるように調査を設定します。

定番商品であれば定期的に行い、新商品であれば認知の浸透速度を測ってプロモーションの参考にします。

調査のターゲットも重要であり、目的を吟味する必要があります。コアターゲットが対象か、今後見込まれる層が対象かによってもプランは変わりえますが、リサーチには少なくないコストがかかるため費用対効果の考慮も必要になります。

体験率（顧客満足度・リピート率含む）

実際に製品やサービスを使用した消費者の、潜在的なマーケット全体に対しての割合です。認知率同様、マーケット全体を推し量るサンプル調査となります。

認知率とともにリサーチされることも多いですが、とくに使用感の重要な商品（たとえば嗜好品）やサービス（たとえば施設利用等）に関しては重要視されます。

また、アンケート調査による体験者の顧客満足度の回答とともに、リピートの有無（あるいは回数）を判断して体験の満足度を評価します。その結果を踏まえた商品内容、事業方針の施策の工夫余地が大きく、その巧拙が企業の業績（とくに売上高）に反映される重要な指標と言えます。

たとえば、ある飲料の商品に関して「購入したことがあるか」「購入したきっかけは」「商品に満足したか」「何度目の購入か」「どのくらい日常的に購入しているか」「リピート購入する理由」「他ブランドの商品を購入していればその頻度」といった質問で体験率、満足度、リピート率、使用頻度、それらの要因等を把握します。

体験率が低い商品は訴求によって体験率を上げることを検討します。リピート率が低いものに関しては、その理由をもとに改善の参考にしますが、リピート率が低いまま向上しない商品に関しては継続のコストと比較して終売を視野に入れる必要もあるでしょう。

フィードバック数・率

使用者のアンケートやマーケティングリサーチの回答の回収数や割合を示したものです。

基本的にはリサーチの効率化をするための指標ですが（回収率が高いほうがリサーチの効率がよい）、回収数自体が満足度・注目度を表す（メタ的な評価測定）ことにも留意する必要があります。

たとえば商品Aと商品Bがあったとして、5段階評価で商品Aの平均評価が4、商品Bが平均評価3・5だったとしても、商品Bのフィードバック数が商品Aの10倍だったとしたら、それを加味した商品評価をすべきでしょう（この考え方は昨今のバズマーケティングの方法論にも応用されています）。

重みづけに関しては、商品特性と顧客の特徴を考慮し議論して設定し、設定後は妥当性を検証しながら調整して納得感のあるものにしていきます。

エリアカバー率

販売エリア、告知エリアといった自社の施策の地域的なカバー率を示したものです。

想定するエリア全体をすべてカバーしている場合を100%として、そのうち自社がカバーできている割合を算出します。

たとえば日本全体を100%として見たときにまず東日本をカバーするという場合は、日本全体に対しての東日本の割合（50%）を算出します。そしてエリアカバーを中日本にも広げる場合は、中日本の割合を算出して加え（65%）エリアカバー率として把握する、といった具合です。

また、ある地域にセグメントを絞っている場合、そこでの実効的な影響を及ぼし得ているエリアの割合として使う場合もあります。

エリアカバー率の議論としては、エリアカバー率の高さは直接的にセールスにつながりやすいものの、エリア進出にはコストがかかる、という論点で行われることが多いと思います。このあたりはセールス部門との連携が密である必要があります。

また告知エリアに関しては販売エリアを考慮しつつ効果的なカバー領域を選定すべきでしょう。たとえば東日本のみに展開してしばらく広げる予定のない商品の広告を全国に告知している場合は、コストの違いがあるならばエリアを狭める選択肢も検討されるべきです。

競合企業の展開も同様に把握して、自社にとって優位となる有効な施策を考えていくことが事業戦略上も非常に重要です。

ライフタイムバリュー（顧客の生涯需要量）

顧客一人あたりの長期（あるいは生涯）の平均的潜在需要量のことです。

たとえばある顧客が長期的にスマートフォンを使用するとして、数年ごとの買い替えで30年間使用すると仮定します。そのときに自社製のスマートフォンを使い続けたとすると、その顧客の自社にとってのライフタイムバリューが計算できます。それを平均的に求めると顧客一人あたりのライフタイムバリューとなりますが、あくまで仮説的な目安値です。

実務上はまずプロダクト単位で簡便に期間と需要量を設定、概算して仮置きし、実際のデータと整合するかどうかを見ていき、整合しない場合は見直して調整していきます。

ライフタイムバリューがある程度明確になると、獲得顧客一人あたりのマーケティング費用を事前に概算することができます。たとえば、あるスマートフォンの顧客一人あたりのライフタイムバリューが50万円（平均して10万円×5回）だとしたら、その将来的な売上を見込んだ顧客獲得費用2万円を上限に使ってもよい、といった判断ができるようになります。

また、スマートフォンを使ったサービスでライフタイムバリュー自体の上限を上げる、といった施策の検討や評価もできるようになるでしょう。

ライフタイムバリューの考え方は、顧客のアカウント登録による囲い込みが前提となっているもので、とくに近年のビジネスでは重視される指標となっています。

製品あたり広告量

広告費用を製品あたりでどのくらいかけたかを額で表したものです。

広告費用は販売額の何%と決めることもあれば、ゼロベースで戦略的に決めることもあります。

最終的には売上をはじめ、認知度や体験率等と併せてリサーチをし、販売戦略に適《かな》っていたかが検証、評価されます。

広告量に伴って売上向上等の効果が相応に増える場合は広告を継続し、広告の効果が落ちてきた場合には広告を停止するといった判断に使われます。社内での商品広告の優先順位付けをしている場合はバランスの考慮がなされる材料となります。また競合がある場合は競合との市場シェアも併せて広告費の按分を判断します。

また広告費は無形の営業時の優位性構築（いわゆるのれん形成）への投資だという考え方や（たとえばアパレル企業等）、広告は基本的に行わない（米テスラ社等）といった方針もあり、一概に適正値が決まるものではなく事業の性質や企業の文化によってさまざまな考えがありえることも留意しておきたいところです。

価格弾力性（価格変動後の数量変化）

価格変動に対しての販売数量の変化率を表すものです。一般的に製品は価格が安くなると販売数量が増えますが、その度合いは製品の特性によって異なり、商品の販売戦略もそれにより異なるものになります。自社製品に関してはすべて把握しておくべきでしょう。

たとえば値下げを1％したとして、そのときの販売量の増分が何％かを測ります。増分が十分に大きければ値下げをする選択肢が魅力的になります。逆に増分が小さければ、価格維持を基本に値上げも視野に入ってくるでしょう。それに商品の利益率や損益分岐、市場の潜在的な需要の分析を併せて吟味し、価格改定の決定が行われます。

価格弾力性を把握することによって、最終的な利益額と市場シェアを考慮に入れながら自社の方針を決めることができます。また、価格弾力性が大きい商品の市場で

図 18
価格弾力性

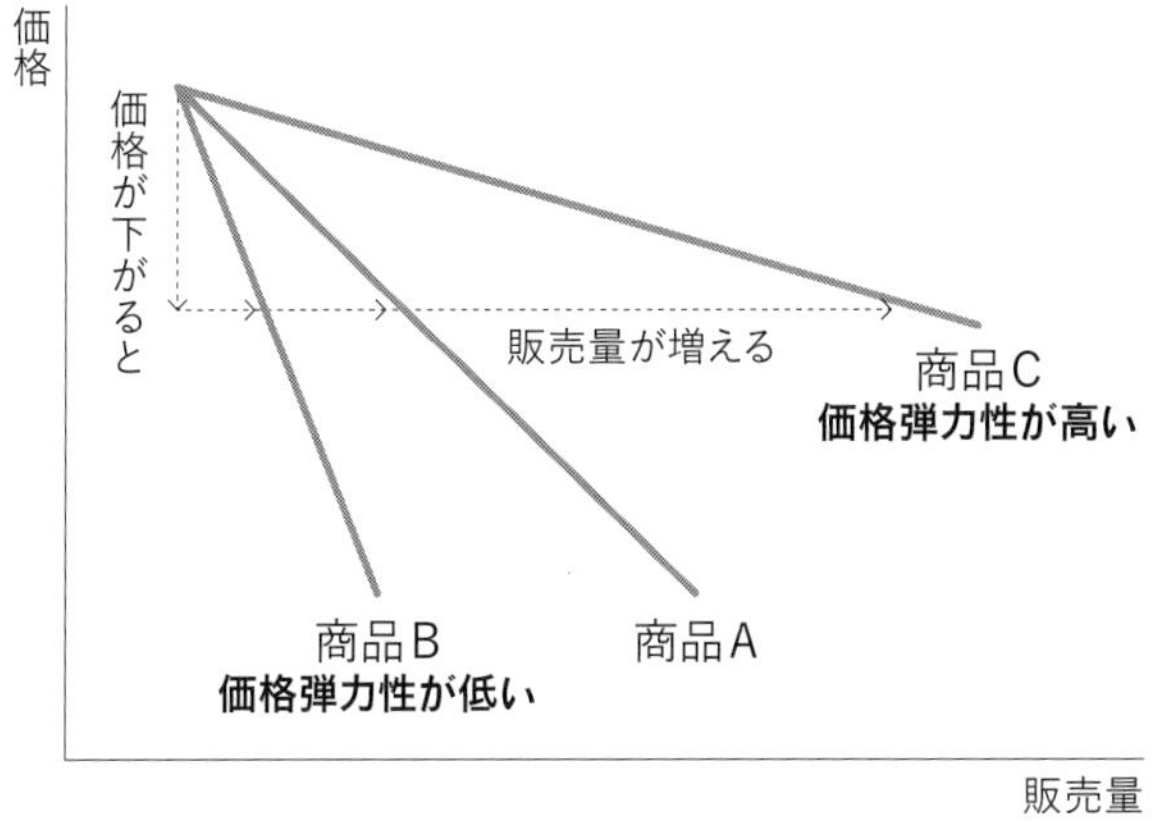
価格
価格が下がると
販売量が増える
商品C
価格弾力性が高い
商品B
価格弾力性が低い
商品A
販売量

は、競合の商品との価格競争を考慮に入れる度合いが大きくなりますので、市場リサーチも高頻度で行う必要があります。

マーケティング部のKPI・KGIセット②（ネット系・顧客管理）

顧客アカウント獲得数

顧客とのコミュニケーションを可能にする顧客アカウントの獲得は、まず初手の最重要の施策となるものです。累積した顧客アカウントの総数は事業規模に直結しますが、それを継続的に増やしていくために新たに獲得したアカウント数は事業にとって非常に重要なＫＰＩと言えます。月間、週間、四半期といった期限を切って把握されますが、獲得数の前期比増減（顧客アカウント獲得増加率）をＫＰＩ化して併せて参考にする企業も多いでしょう。

新規顧客を獲得し、既存顧客の離脱を防ぐ

●顧客アカウント獲得数
新たに獲得した顧客アカウント数

●アカウント獲得コスト
1アカウントあたりの獲得費用

●アカウントあたりライフタイムバリュー
1アカウントあたりの長期（あるいは生涯）にわたっての潜在需要量

●アクティブユーザー比率（MAU等）
一定以上の頻度で使用されるアカウント数÷総アカウント数

●コンバージョン率（CVR）
全訪問者のうち、最終的な目標まで到達した人の割合

●離脱率、クリックスルーレート（CTR）
プロセスごとに設定されたスループットから離脱した／通過したものの全体に対する割合

●リピート率
同一サービスを再度（複数回）利用したアカウント数÷利用者全体のアカウント数

●フィードバック数（回答率・リアクション率等）
設問への回答や、賛同リアクションを獲得した数

アカウントはサービスによって有料サービスのもの、無料サービスのもの、その両方を兼ねるものがありますが、プロモーションの窓口としてまずは無料サービスのアカウントを登録してもらい、その後に有料サービスの検討をしてもらう、あるいは商品販売のチャネルとして活用してもらう、といったプロセスを経る方式が昨今では多く見られます。

また、獲得数と併せてアカウント解除数を指標化することがあります。たとえばアカウント登録後に活動がなくても解約扱いとならないサービスにおいては、顧客によるアカウント解除は積極的な意思表示と考えられますので、これが増える場合は見直しと改善を検討する必要があるでしょう。

アカウント獲得コスト

1アカウントあたりの獲得費用を算出したものです。これによりキャンペーンやPR等の予算規模の最適化が図られます。

たとえば1アカウントあたり5000円の獲得費用を許容するならば、1アカウントにつき5000円相当の特典を登録時に顧客に直接与える、あるいは1000アカウントの登録を見込み500万円の予算でキャンペーンを行う、といった判断が可能になります。アカウント獲得コストがどの程度アカウント獲得数に影響するかはマーケティング施策にとって重要な判断材料となります。

また、獲得コストとともに維持コストを設定することもあります。顧客アカウントを積極的に使ってもらうための施策として、長期継続しているアカウントに特典を与えたり、イベント等で顧客還元を行う原資とすることができます。こちらは後述するアクティブユーザー比率等を見て効果を検証します。

アカウントあたりライフタイムバリュー

1アカウントあたりの将来にわたっての潜在需要量のことです。これから逆算して1アカウントあたりの獲得コストの最適化が図られます（ライフタイムバリューについて詳しくは前述)。たとえば1アカウントあたりのライフタイムバリューが平均で10万円である場合、サービス原価（たとえば5万円）とアカウント獲得コスト（たとえば5000円）を除いた額が1アカウントあたりの利益（4万5000円）となります。十分に利益が出せるとの判断ができれば、サービス原価を上げ顧客満足度を向上させたり、アカウント獲得コストを増額し顧客獲得を加速させるといった施策が検討できます。

アクティブユーザー比率（MAU等）

一定以上の頻度で使用されるアカウントの全体に対しての割合のことです。サービスの事業展開（サーバーの負荷管理等）や事業からの収益を推計する際に重要な数値となります。

アクティブだと判断する閾値（有効とする範囲の値）はサービス内容によって適した水準に設定すべきですが、実際のアクションの多寡での水準設定をするか（アクションを度数として多い順に並べ、一定期間に一定以上のアクションがあったアカウントの比率をアクティブユーザー比率、予備軍比率として出す）、あるいは全体の上位5％程度（アクティブユーザー）、20％程度（アクティブユーザー予備軍）といったように相対的に線引きするケースがあります。

アクティブユーザーは自社サービスに強い関心を持つ顧客であり、さまざまなサービスを提供できる確率が高い対象で、業績への貢献度が非常に高い存在です。また、予備軍の把握は自社からの働きかけを行う際の選別や優先順位付けに活用することができます。

コンバージョン率（CVR）

全訪問者のうち、最終的な目標まで到達した人の割合を言います。物販であれば全訪問者数のうち購入という目標に至った人の割合、有料サービスであればサービスを提供した人のうちどれだけが有料登録をしたかの割合となります。通常営業におけるプロセスで言えば売上契約のような意味合いがあります。

またたとえばサブスクリプションの契約等でプロセスが段階的にある場合は、それぞれのプロセスでのコンバージョン率を出すことができます。

これを測定し続けることで、最終的な売上高を上げるにはコンバージョン率を上げるか入り口の母数を増やすかのどちらがよいか、といった議論が可能になります。

離脱率、クリックスルーレート（CTR）

離脱率はプロセスごとに設定したスループット（通過したアカウントの量）から離

図19
離脱率の例

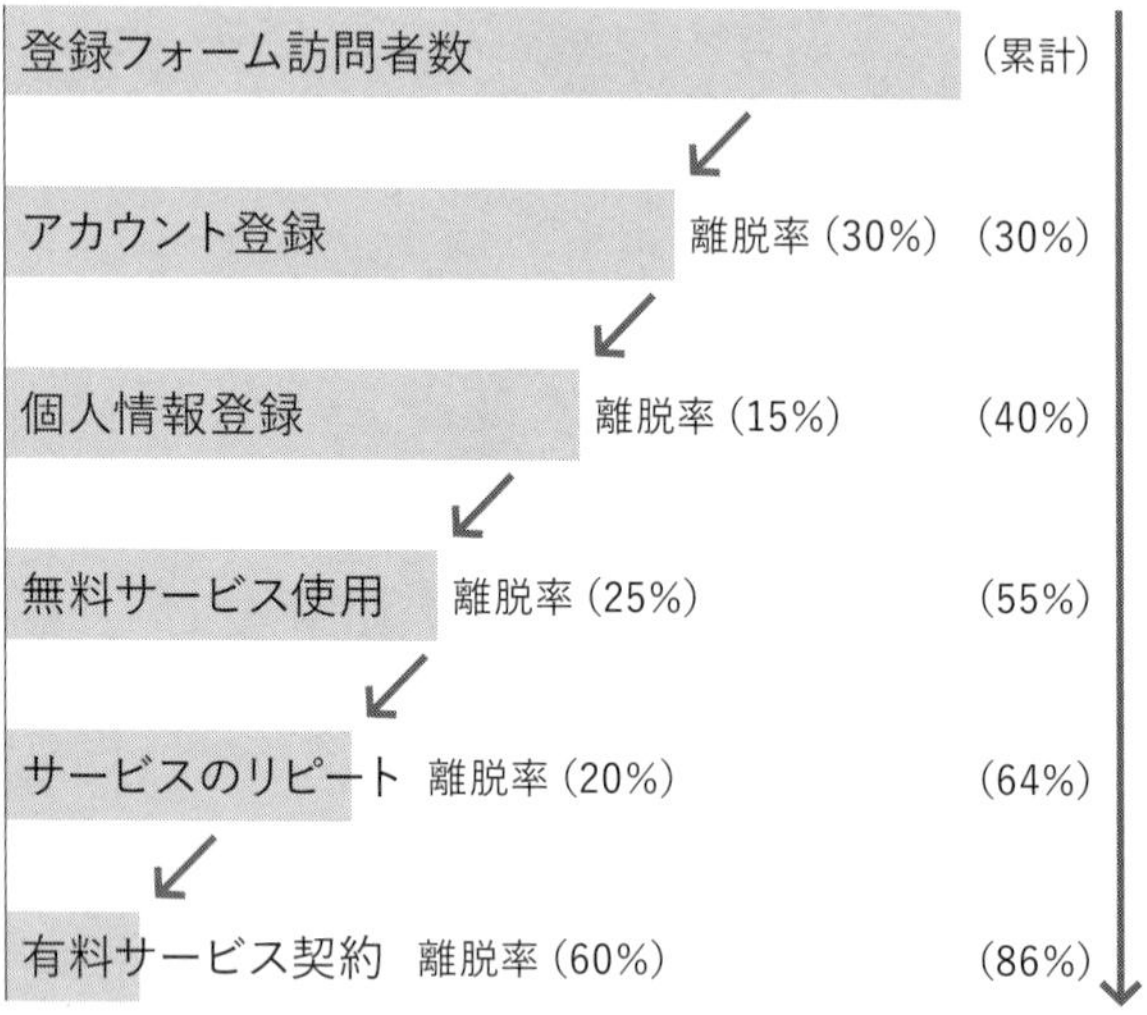
登録フォーム訪問者数
(累計)
アカウント登録
離脱率 (30%)
(30%)
個人情報登録
離脱率 (15%)
(40%)
無料サービス使用
離脱率 (25%)
(55%)
サービスのリピート
離脱率 (20%)
(64%)
有料サービス契約
離脱率 (60%)
(86%)

脱したものの全体に対する割合です。ロート状になっているプロセスの離脱率を改善していくことが最終的なコンバージョン率を高めることに寄与します。

入り口のポピュレーション（母数）はプロセス途上で増えることはなく、必ず減っていきます。それを前提にした上で、それぞれのプロセスでの減少をいかに軽微にできるかを考えつつ離脱率をモニタリングし状況を把握します。離脱率がなだらかでなく極端に高いプロセスに関しては早急に手を打つ必要があります。

逆にクリックされてプロセスを通過したものの割合をクリックスルーレート（CTR）と言います。分岐がある場合はどの分岐に進んだかを知るためにCTRをそれぞれ確認しつつ（CTR1、CTR2……）、どの分岐にも進まずに終わったものが離脱率となります。ウェブサイトのUI（User Interface）の改善に関しては、ケースバイケースで離脱率／CTRを総合的に判断して着手しますが、一般的には各CTRよりも離脱率減少への施策が優先されることが多いでしょう。

リピート率

同一サービス（あるいは類似サービスを含む）を再度（あるいは複数回）利用した

アカウントの全体に対する割合です。限られたアカウントから売上を向上させるためにこの指標は重要となります。リピートされることが前提のサービスにおいてはこの改善が売上を大きく左右するものとなります。

とくにインターネットサービスの場合はリアルタイムで把握することができますので、サービスの使用が顧客の行動習慣として定着するように逐次で調整・改善する際の参考にすることができます。

フィードバック数（回答率・リアクション率等）

設問への回答や、賛同リアクション（「いいね」等）を獲得した数です。認知度、ブランド力、売上の推計に利用できます。またＳＮＳ等でこれが可視化されることにより生じるレピュテーション（評判）は、昨今のウェブマーケティングにおいては直接的なＰＲとして作用する非常に重要な要素となっています。

また、社内組織においてもコミュニケーションにフィードバック機能を取り入れて社内貢献度の評価測定に活用したり、組織マネジメントの円滑化につなげる工夫として取り組む企業も増えています。

研究開発部のKPI・KGIセット

新規開発製品数（上市前アウトプット・上市数）

新規開発した商品を完成させた数と、上市させた数です。研究開発部門（R&D）に関する最も基本的な指標となります。新製品を開発するためには多くのプロセスを経る必要があり、すべてをパスしなければなりませんので、企業の目標の中でも一般に高度かつ困難な目標設定となりやすいでしょう。

そのプロセスの困難さを説明するものとして、段階的に、基礎研究から有望なものを見つけ出す「魔の川」、プロトタイプ作成から汎用製品化を実現する「死の谷」、上市して顧客に受け入れられ生き残る「ダーウィンの海」とよく言われます。

いずれのプロセスもパスする確率が数%ということも珍しくありません。たとえば新しい二次電池の開発を行ったとして、まずは有望な化学反応を得られるまで素材を

競争力のあるプロダクトを新規開発する、世に送り出す

- 新規開発製品数（上市前アウトプット・上市数）
  新規開発した商品を完成させた数・上市させた数
- 新規プロジェクト数
  新規開発を開始して現在仕掛かっているプロジェクト数
- 新規プロジェクト存続率（段階的に評価）
  新規プロジェクトの中で完遂あるいは存続しているものの割合
- プロジェクト開発リードタイム（個別・平均）
  新規開発の想定仕掛かり時間
- 廃盤率
  上市後終売した製品÷上市した全製品数
- 基礎研究量（数・時間・率）
  基礎的な技術基盤の開発の量
- 特許数（申請数・取得数）
  知財として特許申請したもの、特許が得られたものの数
- 技術の自社開発率
  プロダクトに使用される技術の自社開発の割合
- 新規開発商品売上比率
  既存商品と新規開発商品の売上高の比率

集め基礎的な実験を繰り返し、それを見つけた後には発火しやすさ（安全性）、パフォーマンス比で高価すぎないか（コスト）、パッケージングが使用に耐えるか（実用性）といったハードルを越えて製品化を可能にし、その後は既発製品ひしめく二次電池市場の中に割って入ってメリットを認められ、利益が得られる価格で顧客に購入され売上シェアを獲得する、といったプロセスが完了してはじめて自社に貢献できます。

終盤に行くに従ってさまざまな部署との連携となりますが、まずは上市できる新規開発製品を作り切るまでの責任を研究開発部門が請け負います。

新規プロジェクト数

新規開発を開始して現在仕掛かっているプロジェクトの数です。事業やプロダクトにもよりますが、一般的に新規プロジェクトから最終製品に至ることができるのはかなり限られたものになりますので、新規開発製品数を支えるにはこの新規プロジェクト数の量が重要となります。主眼としては不確実性を伴う新製品のローンチを数的に安定供給できるようにポートフォリオ（束）を組むところにあります。

それゆえ、一定期間スタックしたプロジェクトは休眠ステータスとして管理され新規プロジェクトのポートフォリオからいったん外す場合があります。一般的に一度休眠状態となったプロジェクトが再起動して完遂されることは比較的難しく、リソース配分の観点からも優先順位が劣後するためです。検討した上でプロジェクトをそのまま終了させる場合もあります。また休眠プロジェクトが大きなピボット（方向転換）によって再開する場合は、新しいプロジェクトとしてカウントすることがありますが、これは過去に配分されたリソースの累積分をいったんリセットしたほうがよい場合に措置されます。

新規プロジェクト存続率

新規プロジェクトの中で完遂したものの割合です。頓挫し終了したプロジェクト数から逆算して継続しているものを含め存続率として把握する場合もあります。また、段階的に達成度を設定することもあります（たとえば「魔の川」「死の谷」「ダーウィンの海」のプロセスごと）。それにより自社における新規開発の問題点がわかりプロセス改善につながる場合があります。

たとえば、基礎的な研究（魔の川）で頓挫しやすいのか、製品化（死の谷）のプロ

図 20
新規プロジェクト存続率

「魔の川」「死の谷」「ダーウィンの海」は
新規開発の典型的な難所を示す業界用語

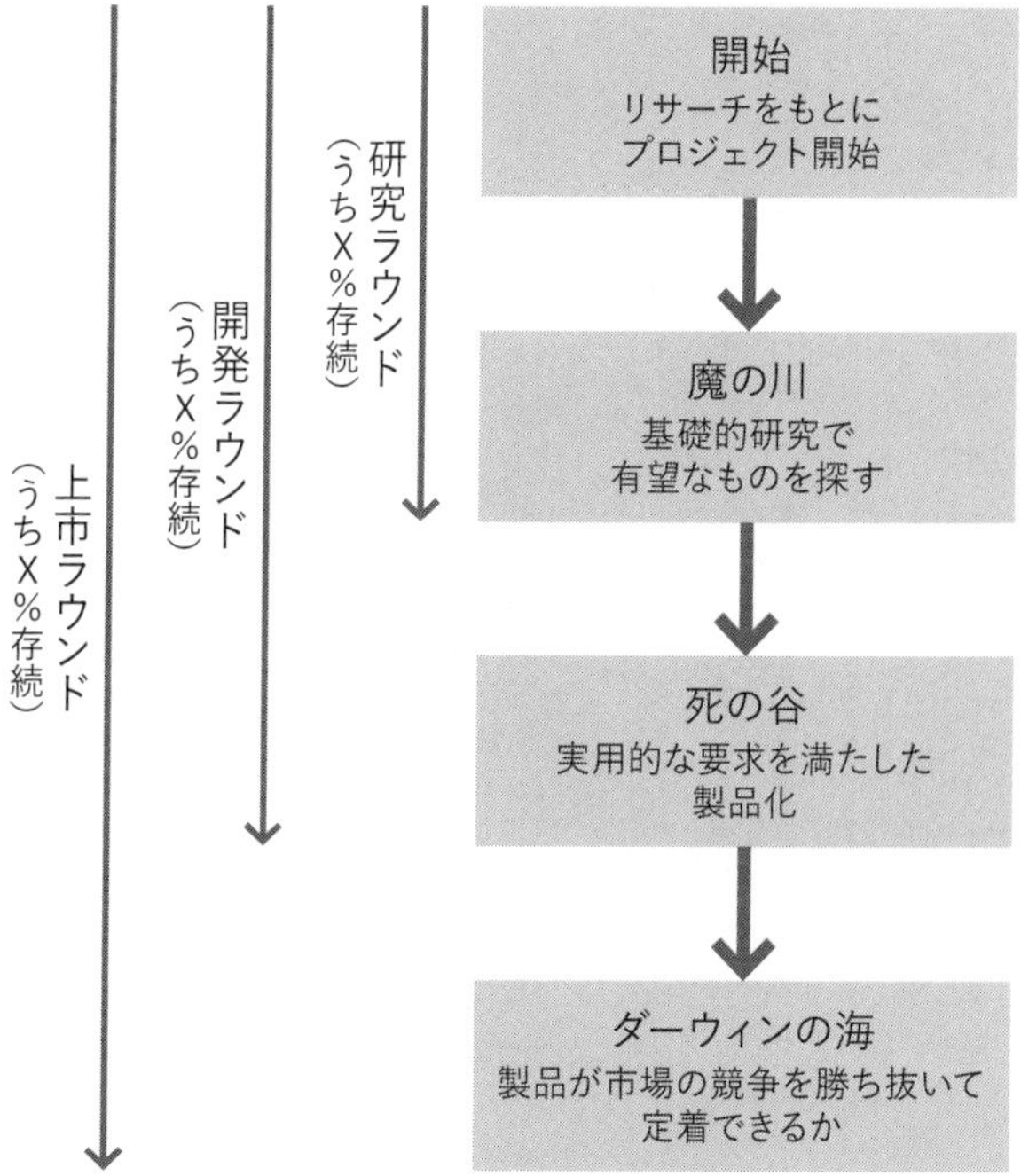

セスで失敗しやすいのか、市場性の問題を克服できないのか（ダーウィンの海）を定量的に把握することで、自社の取り組みの環境を見直すことができます（資金が足りない、設備が足りない、リサーチが不十分、など）。

プロジェクト開発リードタイム（個別・平均）

新規開発の想定仕掛かり時間です。新規開発には試行錯誤がつきものですが、プロジェクトのリードタイムは常に想定しておきます。時間がかかるということは市場も変化しコストにも直結しますから、進捗状況次第で継続するか、一時停止、あるいは終了を判断します。

また、平均的なリードタイムを把握することで、全体の新規開発プロジェクトの数をコントロールします。自社の開発キャパシティとコストを勘案して、新規開発製品数を増やすべく、新規開発プロジェクトの実施を決めます。

廃盤率

全体の製品のうち、終売にしたものの割合です。状況に応じて継続品とするか新商品に置き換えるかを判断しますが、市場側の需要と自社側の供給事情（付加価値を追加的に行えるかどうか、あるいは新商品を用意できるかできないか）によって、継続するメリットが少ないと判断した場合に商品を廃盤にすることがあります。

廃盤率は新陳代謝の意味合いがあり、全体の製品の中でそれをどの程度で行うかは企業の事業戦略と密接に結びつき、またそれを可能にするかどうかは新商品開発力が担保となります。とくに新陳代謝の激しい分野では新規開発の量とスピードがより求められやすいでしょう。

基礎研究量（数・時間・率）

個別の開発プロジェクト以外での基礎的な技術基盤の開発の量を示すものです。R&Dの研究部門（Research）に関する基本的な指標となります。研究者の研究時間の総量で算出する場合のほか、論文発表の量等のアウトプットベースにより計測する場合もあります。

基礎研究は売上に直結しにくいため企業の財務状況によっては削減されやすい傾向がありますが、他社が模倣するのが困難な新規開発製品を創り出す技術的な土台にもなるため、その費用は投資的な側面もあり各企業の経営戦略がよく現れるところでもあります。

特許数（申請数・取得数）

知財として特許申請したもの、特許が得られたものの数です。R&Dのとくに研究に関する成果は計測が難しいことが多いですが、プロダクトとして目に見えやすい製造業やインフラ業では特許取得数を目安にすることも一般的です。取得された特許は無形資産として企業に保有、蓄積されます。昨今では特許取得のために企業買収を行うことも増えており、特許を含めた知的財産とそれを生み出す技術力（とそれを支える人材）の重要性が増してきています。

技術の自社開発率

プロダクトに使用される技術の自社開発の割合を示します。全社として、あるいは製品ごとに集計されます。将来的なリソース配分や事業展開戦略の判断に関連する数字です。

内製化して自社技術の比率を上げると競争優位を長く保てる要素となりますが、半面で開発コストが高くついたり、代替技術への転換が遅れる要因になることもあります。

自社開発率が低下しすぎているという判断が出てきた場合は、企業買収の動機ともなります。

新規開発商品売上比率

既存商品と新規開発商品の売上高の比率を示したものです。会社全体、あるいは事業部単位で見ていきます。

既存商品に比べて新規開発商品の割合が小さく、会社の総売上高が減少傾向にある場合は、新規開発を主導するR＆D部門としては正念場を迎えている状況と言えるでしょう。またこれは一朝一夕に向上させられるものではありませんので、長期的な取り組みで改善すべきものでもあります。

逆に新規開発商品売上比率が全体的に大きくなっている場合は、既存商品が弱くなっている可能性もあるため、経営陣は状況に注意をする必要があります。

経営者のＫＰＩ・ＫＧＩセット

ＥＢＩＴＤＡ

ＥＢＩＴＤＡ（Earnings Before Interest Taxes Depreciation and Amortization）は税引前利益に支払利息、減価償却費、償却費を加えて算出される利益を指します。グローバル企業の場合、国ごとに税制や会計ルールが異なる場合がありますが、異なる環境でも企業が生み出す利益を把握しやすいように工夫された指標と言えます。

管理会計的には厳密に定義を追う必要がありますが、ＫＰＩとして見る場合は、税制や会計ルールに左右されにくい「利益」の額を見るためのものと考えましょう。利益には営業利益や経常利益等、ＫＰＩとしての用途に適したもので設定されます。

会社の継続を可能にし、自社の業績を拡大していき、
株主に報いる

本章冒頭の「すべての基本となる会社全体のKGI・KPI」で
挙げたものに加えて、

●EBITDA
税引前利益＋支払利息＋減価償却費＋償却費

●フリーキャッシュフロー（FCF）
（減価償却費を考慮した）営業利益－
税金＋事業継続に必要な投資＋運転資金

●ROA
利益÷総資産　（経常利益÷総資産）

●ROE
利益÷自己資本　（当期純利益÷自己資本）

●ROIC
営業利益（税引後）÷投下資本

●WACC
資本コスト（資金の調達費用）を資本の種別ごとに
加重平均したもの

●PER（株価収益率）
- 株価（時価）÷一株あたり利益（年ベース）
- 時価総額÷純利益（年ベース）

●自己資本比率
自己資本÷総資本

●労働分配率
人件費÷粗利益（売上高総利益）

フリーキャッシュフロー（FCF）

フリーキャッシュフローは依拠する会計の概念によって定義がいくつかありますが、ここでは営業利益から減価償却費を考慮し、税金と事業継続に必要な投資と運転資金を差し引いた額として扱います（ＦＣＦとも表記されます）。その重要性は事業が継続していくことを前提とした際の、最終的に生み出されて残るお金を示すことにあります。このＦＣＦを算定することにより専門家は企業価値算定を行います。

ＲＯＡ

ＲＯＡ（Return On Asset）は総資産利益率とも呼ばれ、「利益」÷「総資産」、一般的に「経常利益」÷「総資産」で算出されます。会社の資産あたりの利益を割合で表したものです。

会社の本業の実力が顕著に現れる重要指標で、資産をいかに効率的に活用して利益を生み出しているかが最も端的に表れる指標です。

事業が複数ある場合には適宜で事業ごとのＲＯＡに分解し管理することも多く、事

図 21
ROAはAあたりの利益率

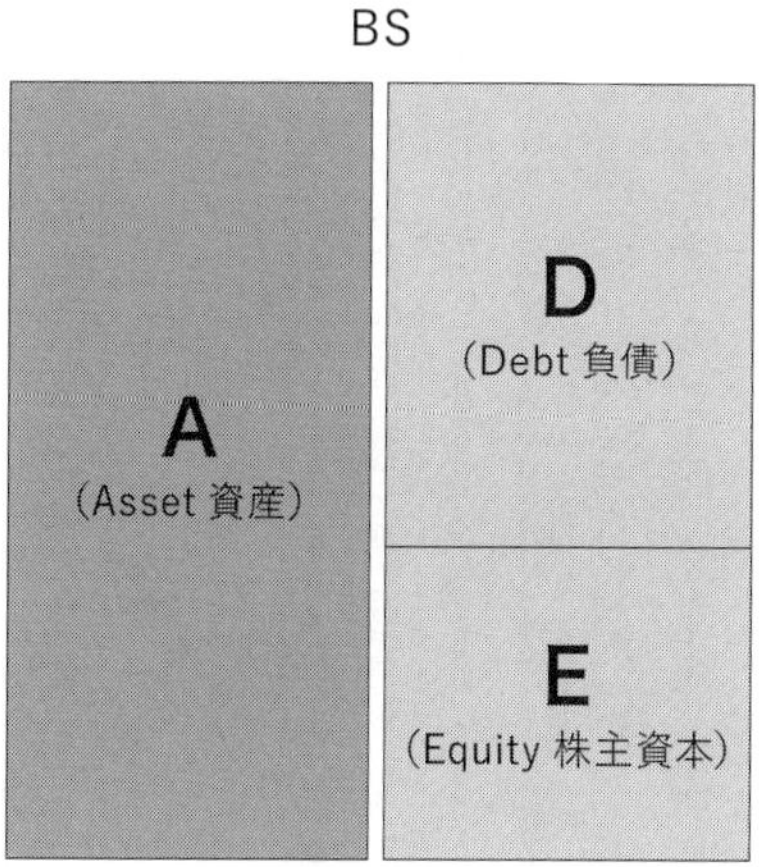

業と会社全体の収益性の分析に使われます。たとえばそれによって利益が大きく見える事業がじつは使用されている資産あたりではさほどでもなかった、といったことがわかります。

ROE

ROE（Return On Equity）は自己資本利益率とも言われ、利益を自己資本で割ったもの、一般的に当期純利益を自己資本で割ったもので算出されます。自己資本とは株式会社における株式（Equity）のことであり、自己資本あたりでどれくらいの利益（当期純利益）を上げられているかを割合で示したものです。自己資本は純資産と呼ぶこともあり、BS（貸借対照表）に掲載されている簿価でROEは計算されます。

ROEは企業の事業の投資効率を測るために用いられるほか、株主の利益に直結するため、経営目標の数値として株主側に示す際に広く用いられます。

ROIC

ROIC（Return on Invested Capital）は投下資本利益率とも言われ、一般的に

図 22
ROEはEあたりの利益率

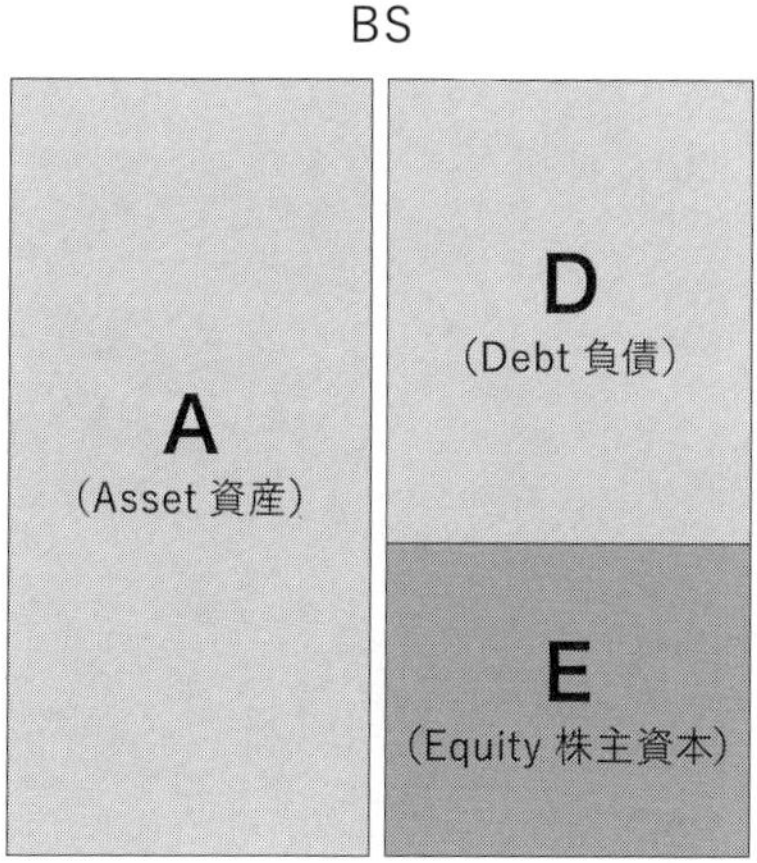

図23
ROICはD＋Eあたりの利益率

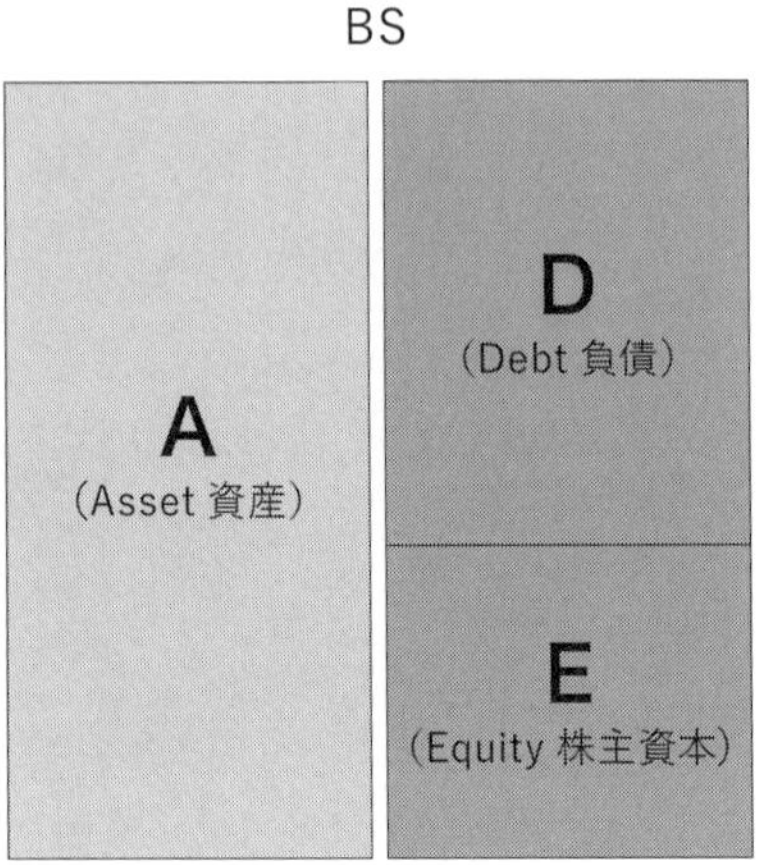

税引後の営業利益を投下資本で割ったもので表されます。投下資本とは自己資本（Equity）に融資等の負債（Debt）を加えたものです。ROEは自己資本あたりの収益率を表しますが、ROICは負債を加味した資本全体からの効率を示したものです。資産側のROAと量的には近い関係となりますが、それを資本側から見たものと言え、とくに資金調達時に投資家から検討される重要な指標となります。

WACC

WACC（Weighted Average Cost of Capital）は加重平均資本コストとも呼ばれ、資本コスト（資金の調達費用）を資本の種別ごとに加重平均して求めたものです。調達した資金の全体的なコストを率（利子率、割引率）で示すもので、財務担当責任者が最重要視する指標の一つです。

多くの企業は株式と負債で資金調達をしていますが、その場合は株式の部分と負債の部分では調達コストが異なります。それを全体的に平均化したものと考えるといいでしょう。

これは実質的な資本コスト（資金の調達費用）であるとともに、企業の信用力をも

図24
WACCはDとEの資本コストの加重平均

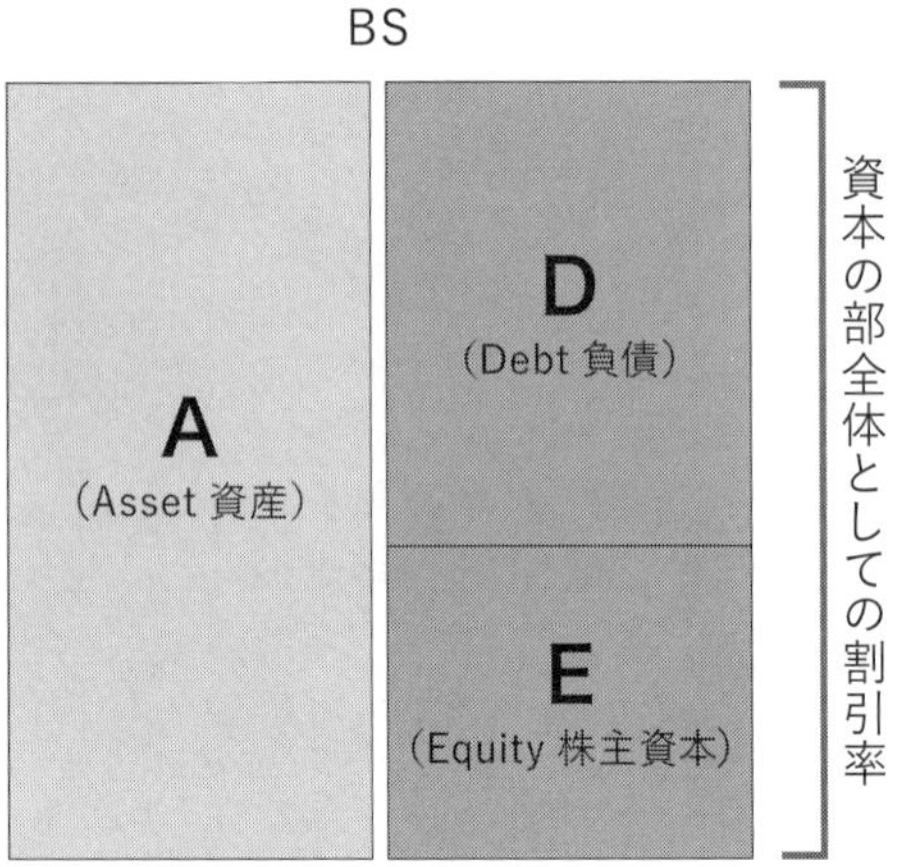

示すものです（信用力が高いとＷＡＣＣが小さくなり資金の調達費用が低くなるため）。

企業分析の実務ではＷＡＣＣの同業他社比較で企業の信用力を、また同一企業のＲＯＩＣとＷＡＣＣの比較で当該企業の収益性を評価します。

ＷＡＣＣを向上させるには、市場からの企業評価を高めるとともに、財務上のオペレーションとしては株式と負債の割合を変えるといった施策があります。

ＰＥＲ（株価収益率）

ＰＥＲ（Price Earnings Ratio）は「株価（時価）÷一株あたり利益（年ベース）」「時価総額÷純利益（年ベース）」で計算され、株価収益率とも言われます。株価と企業の利益を比較したもので、主に株主が株式の投資価値を判断する際に利用される指標です。たとえば、株価が４００円で、一株あたりの年間の利益が２００円ならば、ＰＥＲは20倍となります。

株価が今の利益の何年分かを示すもので、その企業の利益の将来見通しによって向上します。

この指標は投資家が株式投資を判断する際の基本的な重要指標であり、経営者による株主とのコミュニケーションおよび株主からの資金調達を行う際に重視されます。

また、資本市場からの企業経営への評価という側面があり、とくに同業他社と比較してのＰＥＲの高低は経営者の通知表とも言えます。

自己資本比率

自己資本比率は自己資本を総資本で割ったものから算出され、資本全体に占める株式部分の割合を示したものです。主に株式と負債の割合を示すものとなりますが、企業の収益の安定性と自己資本比率は密接な関係があります。ＲＯＡとＲＯＥの関係を考える際、また全体的な資本コスト（ＷＡＣＣ等）を最適化する際の議論の前提となります。

自己資本比率を小さくすることは財務レバレッジとも言われますが、これは自己資本比率の逆数として表すことがあります。たとえば自己資本と負債が1：1の場合は自己資本比率は50％で財務レバレッジ倍率は2倍、40：60の場合は自己資本比率は40％で財務レバレッジ倍率は2・5倍となります。

図 25
自己資本比率と財務レバレッジ倍率

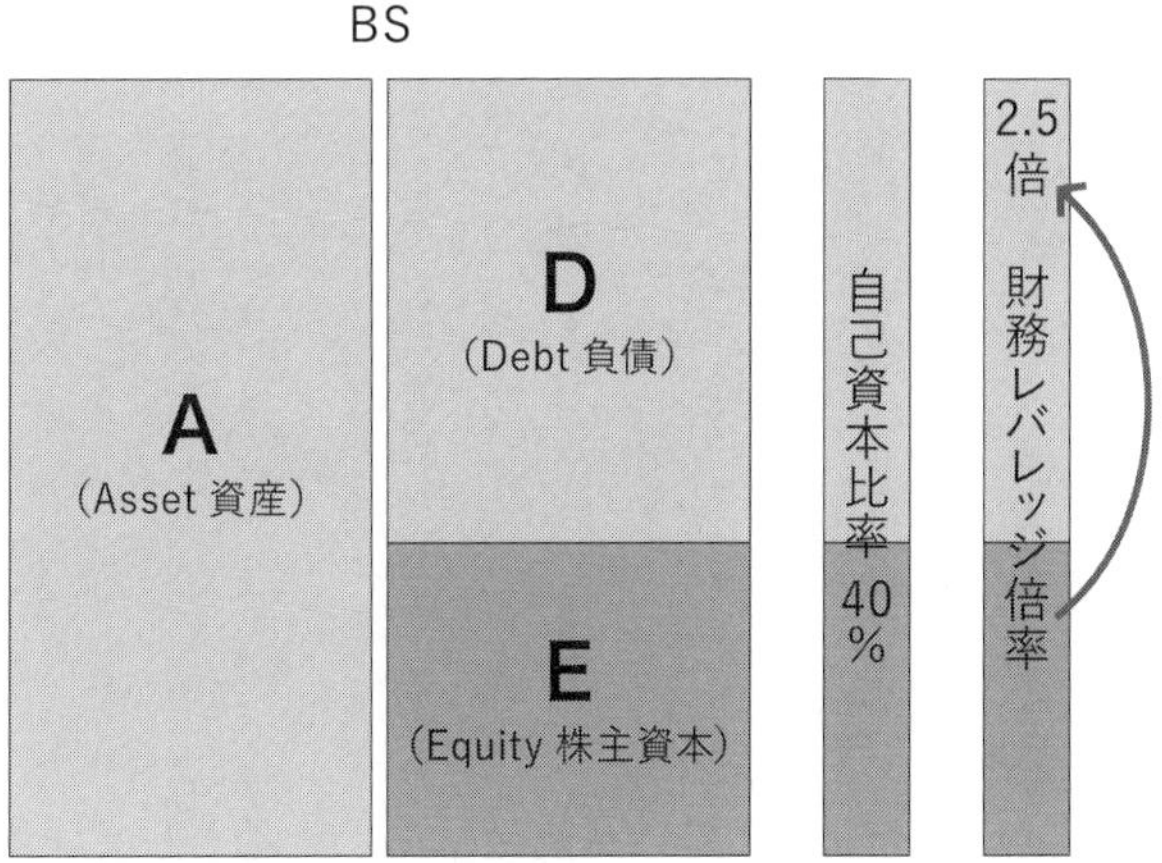

労働分配率

労働分配率は人件費を粗利益（売上高総利益）で割ったものから算出されます。粗利益から人件費が支払われる、と考えた場合に、人件費の占める割合が大きいか小さいかを示します。

水準は業態にもよりますが、労働分配率が小さいと最終的な利益は大きくなる一方、マンパワーが不足していて機会損失を生んでいる可能性もあります。同業他社に比べてこれが小さすぎると、優秀な人材を獲得できないか、流出してしまう懸念も出てきます。

また労働分配率が大きすぎる場合は会社の利益を最終的に圧迫してしまいますから、株主等からは利益の向上に必要な総売上向上を求められやすくなります。

組織・人事のKPI・KGIセット

従業員売上高

従業員一人あたりの売上高を示します。当該企業の従業員による生産性の基本的な指標となります。部門別で集計することも可能ですが、その場合は間接部門をどう割り振りするか（部門で均等割り、売上額に比例して、など）といった難しさもあるため、基本的には会社全体での期間別の生産性（たとえば前年と今年での生産性）として用いられることが多いでしょう。たとえば今年度の従業員売上高は4000万円／人、昨年度は3500万円／人、一昨年度は3700万円／人といった比較で、売上高の増減と人員の増減を勘案して生産性を見ていくことができます。

社内人的リソースの最適化をする、組織の効率化と継続性を考える

●従業員売上高
総売上高÷従業員数

●従業員平均賃金
総賃金÷従業員数

●従業員人材開発費
人材開発費÷従業員数

●従業員増加率
増加従業員数÷従業員数

●従業員離職率
離職者÷従業員数

●従業員平均就業期間
社員の平均就業期間

従業員平均賃金

従業員の賃金の平均値です。平均年齢とともに出すこともあります。上場企業であれば公開されていることもありますので、高い平均賃金によりその企業の人材獲得力および人材定着を期待できます。また、それを可能にする企業の競争力、利益創出力、継続性等に重要な示唆を与えるものです。

最近の傾向では労働市場で需要の高いエンジニアや専門職をカテゴリー別に別途で平均を出すケースも増えています。

従業員人材開発費

組織として人材育成にどのくらい力を入れているか、ということがわかります。人材開発費には社内教育、社外で実施されている研修への参加、海外留学制度、有志の社内研究活動等さまざまなものが含まれます。

平均年齢の若い会社、従業員の増加が大きい会社では高くなる傾向があり、また総じて急成長企業においては変化に対応することが求められやすく、人材開発を充実させているところが多いと思います。

従業員増加率

企業の成長に合わせて適切な人材獲得を行うことは重要です。これは企業の成長力を量的質的に実現していくための重要な指標であり目標ともなります。

とくにこれが大きい（たとえば年10％以上）企業であれば社員教育等の必要性から従業員人材開発費を高める、といった施策を行うことも有益でしょう。

従業員離職率

雇用契約はあくまで双方の契約であるため、離職は必ずしも悪いことではないという前提はあるとして、ただ離職者が多い組織は労働環境の適正さや知見の蓄積といった観点から、これが高すぎる場合は外部者からは要注意と見られることもあります。

とくに離職率が急激に高まったという場合には職場環境になんらかの異変が生じている場合があります。

施策としては、普段の仕事において希望に即した業務が行いやすい環境の整備、納得性の高いコミュニケーションの徹底、またキャリアパスを描きやすい社内組織制度の施行といったものが考えられます。

従業員平均就業期間

ある企業に社員が何年勤めたかの平均です。

事業内容にもよりますが、より労働市場が確立された専門職が多い企業や、自社内に上級職のパスが多く用意されていないといった場合には従業員平均就業期間は短くなる傾向にあります。

また従業員の労務管理を考える際にも重要になるもので、従業員が健康で無理なく業務に従事できているかどうかの目安となります（休職率等も併せて参照します）。

昨今では労働環境の向上に関して社会的にも注目度が高まってきており、職場環境の健全性の数値の一つとして重要視する企業も多いでしょう。

新事業開発・ベンチャー経営者のＫＰＩ

バーンレート（現金燃焼率・資金燃焼率）

月次で会社から出ていくキャッシュの量を示したもので、ベンチャーやスタートアップの分野でよく用いられています。

バーン（燃焼）という言葉が使われるのは、その企業の当面での採算が継続的にマ

立ち上げた新規事業／新会社を頓挫させることなく
軌道に乗せる

●バーンレート（現金燃焼率・資金燃焼率）
1カ月あたりに消費されるキャッシュの量

●ランウェイ
残存総資金÷バーンレート

●PSR
時価総額÷総売上高

イナスになることが前提だということがあります。とくにスタートアップの分野では初期の持ち出しが必然となるため、「燃料を燃焼するように現金が消費される」ことからこのように呼ばれます。

バーンレートには「グロスバーンレート」と「ネットバーンレート」があります。

たとえば、売上が月に１００万円で、支出が５００万円の場合があるとします。このときグロスバーンレートは５００万円で、ネットバーンレートは４００万円となります。

グロスとネットで使い分ける理由は、数値上は収入が入るものの、その時期や不確実性が存在する場合、ネットよりもグロスで見たほうがよい、といったケースがあります。

また、通例としてレートと表現されてはいますが、実際は額を表す指標であることに注意しておきましょう。

ランウェイ

バーンレートが把握され、企業が保有するキャッシュの量がわかると、その企業のキャッシュが尽きる期間が計算できます。その数値をランウェイと言います。

ランウェイには航空機の滑走路や舞台の花道といった意味がありますが、「先行きに制限のある道」という概念であり、現金燃焼のデッドラインを意識したものです。（ネット）バーンレートが４００万円だとして、現金が２０００万円ある場合、ランウェイは５カ月ということになります。

また、収入の入金が遅れる場合はグロスバーンレートで計算するほうがよい場合もあります。

資金繰りは多くのベンチャーやスタートアップの経営者にとって綱渡りのようなクリティカルさを持ちますから、常に念頭に置きながらの経営が必要となります。

PSR

ＰＳＲ（Price to Sales Ratio）は一般的に「株価売上高倍率」と呼ばれ、会社の時価総額を総売上高で割ったものです。

この指標の重要性は、昨今の新興企業の企業価値算定に用いられるようになったことにあります。ＰＥＲやＲＯＥが会社の利益に関しての指標であるのに対し、ＰＳＲは売上に関するものです。多くの新興企業は潜在的な価値算定をする際に、直近の利益をベースで算出されると価値がゼロあるいはかなり低くなってしまうことも珍しくありません。「生み出す利益で企業価値を測る」のは企業価値算定の普遍的な姿勢ですが、将来の利益の大きさを表す指標の設定は難しく、現在進行形で試行錯誤されています。新興企業の場合は「売上高の大きさとその成長率」がそれをある程度で表すものとしてコンセンサスが得られ、ＰＳＲがよく参照されるようになりました。

売上高が継続的に大きく推移し、利益率がプラスになりさらに向上してくれれば、それが将来の利益創出につながる、という考え方です（これが昨今のＩＴ系ビジネスモデルに高値が付く理由の一つにもなっています）。

上場を果たす新興企業であれば、資金調達の有利さを左右する最重要指標であり、最近のグロース市場の売上重視の傾向を反映したものと言えるでしょう。

＊　＊　＊

以上、個別に具体的なＫＰＩを説明してきましたが、これらは羅列的にあるのではなく、連関性を持って存在していることは、前章から読み通した読者であれば理解していただけるのではないかと思います。基本的には企業の利益というＫＧＩから派生して、各セクションにブレークダウンされ具体的な現場でのＫＰＩにつながっていきます。

逆に、現場のＫＰＩは大なり小なり企業のＫＧＩを動かしうるわけであり、またそのようなＫＰＩでなければ本来的に意味が薄いものと言えるでしょう。

さまざまあるＫＰＩをシンプルな目的に向けたまとまりのあるものとして捉えられれば、変化の著しいビジネス環境にあっても、必要なＫＰＩの取捨選択が自ずと判断しやすくなると思います。

コラム

利益のリスクを理解する

前回のコラムでは「利益（c）が企業価値に直結する」ことをバリュエーションの式とともに確認してきました。

前回見てきた通り分子のc（利益）が大きくなれば、企業価値はそれだけ大きなものになります。

それともう一つ、利益よりも一般的にわかりにくいものの重要なのが分母のr（リスク、割引率）です。rも企業価値を決める重要なファクターで、コーポレートファイナンスの枠組みではこのcとrが企業価値を決める主要なものとして教えられます。

rは利益創出の「確からしさ」から決まる数値で、確からしい場合にはrの値は小さくなります。より確からしい利益を生み出す企業は分母のrがより小さくなり、結果としてV（企業価値）がより大きくなります。

図26
バリュエーション（企業価値算定）の方程式

$$\text{企業価値} = \frac{\text{利益}}{\textbf{リスク（割引率）}}$$

$$V = \frac{c}{\mathbf{r}}$$

たとえば、ｒは企業により０・０５、０・１、０・２といった値を取り、同程度の利益を出す企業であっても企業価値評価が数倍違う、ということがありえます（ｒの値は企業の調達金利等にも影響します）。

企業価値の増大を追求することは企業経営の最大の課題ですが、それは企業価値算定（バリュエーション）の観点から言えば、究極的にはｃを増大させｒを小さくすることだ、と言えます。

それゆえ現代の企業経営者は、利益をできるだけ増大させ、リスクをできるだけ小さくする施策を可能な限り打ち、企業間においてはその営為の競争をしている、とも言えます。

前コラムのcと同様、rも企業価値に直結する要素だとして、それはKPIマネジメントにおいてはどのように捉えられるでしょうか。

rはその企業が生み出す利益の確実性から決まりますが、ここで特筆したいことは、c（利益）を出す行動に限らず、企業の利益の確実性に寄与すること全般がrに関わっており、それが企業価値に直結するということです（厳密にはそのときのリスクフリーレートと企業の個別のr値等の和で決まります。バリュエーションの式とともに詳しく知りたい場合はコーポレートファイナンスの専門書を参照することをお勧めします）。

たとえば、生産管理において生産がつつがなく行えることは利益を確実に上げることに寄与します。また、優秀な人材が長期間で就業すること、優秀な人材として育成されることも企業の利益を永続的に確実にしていく重要な要因でしょう。利益には直結しないもののrを改善してVに寄与するこのような業務は社内で広範に存在するもので、今回紹介した多くのKPIに紐付くものです。

このことは、利益に直結する仕事だけでなく、その確実性を支える仕事が同様に評価されるべきであるという、数値的にも明快な理由となります。

ｃとｒの観点からＫＰＩの各項目を読み返してみると、その意味するところの理解がまた一層深まるものと思います。

第4章

KPIの運用とフィードバック

前章ではよく設定される典型的なＫＰＩセットを見てきましたが、本章ではそれらの数値の運用の仕方を解説していきます。

ＫＰＩマネジメントの目的は「把握し、改善する」ことでした。具体的にはＫＰＩを設定してデータを集め、

- 状況をモニタリングする（現状把握のためのＫＰＩ検証）
- 施策の結果を確認する（検証のためのＫＰＩ検証）
- 新たな仮説を立てる（仮説探索と構築のためのＫＰＩ検証）

という、それぞれを行うことで可能になります。

現状を把握するためのデータ収集

「実数」を収集し「推移」を確認する

上位のＫＧＩ・ＫＰＩであれ、ブレークダウンされた下位のＫＰＩであれ、「現状を把握する」ことがすべての第一歩となります。そのため、まずは収集した実数の値を確認します。

初見では数字の良し悪しを判断するというよりは、現状を確認する意味合いがほとんどだと思いますので、先入観なくフラットに見てみましょう。

そしてＫＰＩの値の推移を継続的に観察します。売上額であれば、総計を日ごと、週ごと、月ごとに集計したものをグラフ化して確認したりといったことは日常的に行われていると思います。またエリアごと、製品ごとで分けて集計したものが用いられることもあるでしょう。業務に応じて集計されたそれらのＫＰＩの時系列的な推移をしっかり把握できるようにしておきます。

そうすることで大まかな傾向、たとえば、

●全体的に増加傾向にあるか、減少傾向にあるか
●平均的な水準はどのくらいか
●時期によって波が大きいか

等がわかるようになります。

また実数の増加率を見たり（期別の差分を割合で示したもの）、増加率の増加率（増加の加速度に相当）を見る場合もあります。たとえば会社の売上が増える割合が売上成長率ですが、それ自体と売上成長率の伸び率を見ていくことで、特徴がいろいろとわかる場合があります。

グラフで示されたものであればその形状を把握することで、単に数字を見ただけではわからなかった特徴に気付きやすくなります。

グラフはデータによって、また用途によって、あるいは仮説によっていろいろなも

図27
グラフの種類

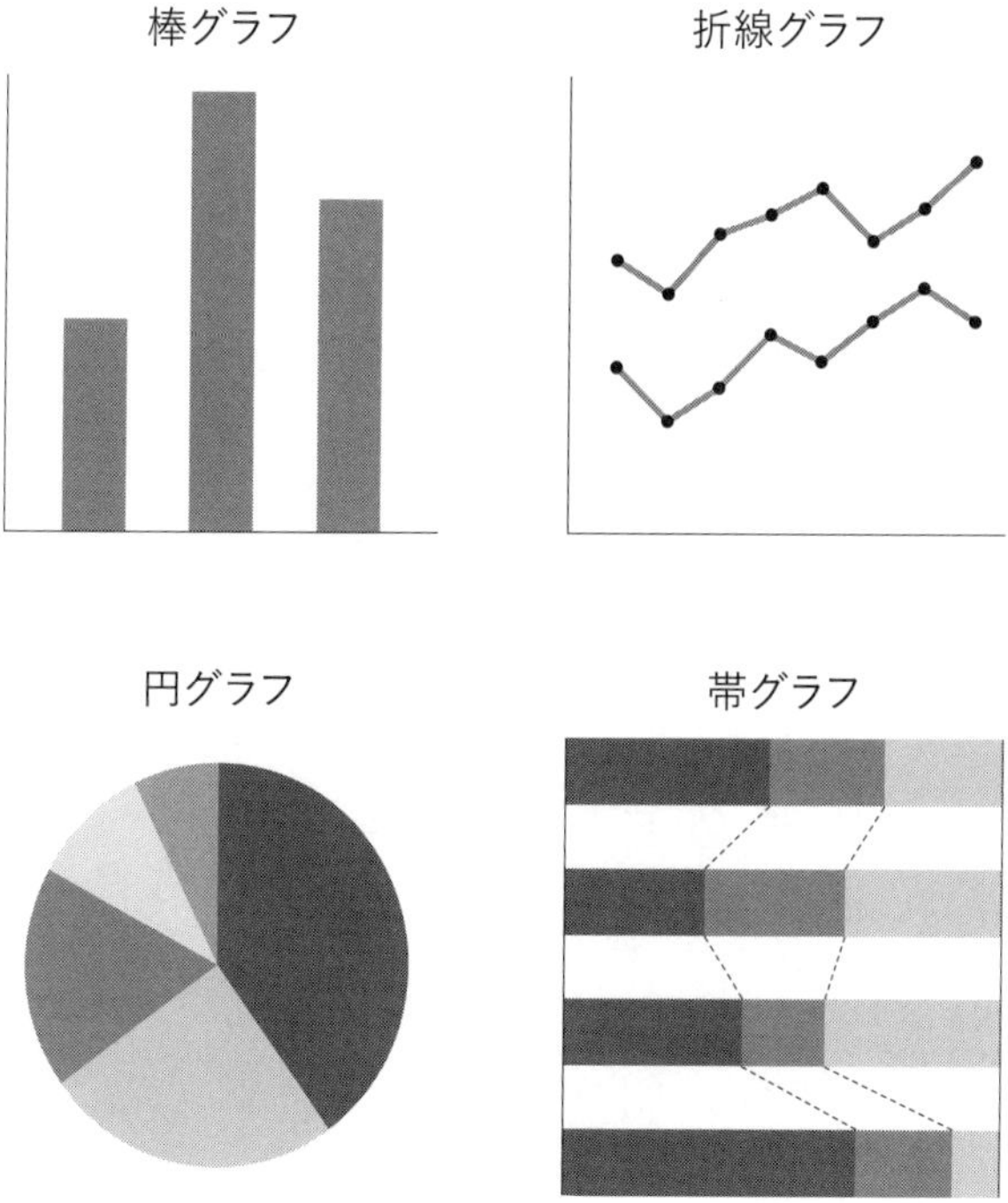

のを採用してみましょう。

●棒グラフ（各項目の数量を積み上げて比較するのに適している）

●折線グラフ（同一要素の推移を見るのに適している）

●円グラフ（シェア等の１００分率で分けられるものを直感的に把握しやすい）

●帯グラフ（シェア等の１００分率で分けられるものを並べて比較するのに適している）

過去データが存在する場合はそれも見ておきます。時系列で過去データを一定期間以上追っていくことによって過去から現在への「状況の推移」が把握でき、またそうすることで自ずと「今後の推移の予想」を意識できるようになります。

ＫＰＩを把握する第一の効果はまず、推移の傾向を摑み、そのことによって推移の今後の予想が浮かんでくるところに現れます。一見、単純なことのように思われるかもしれませんがこれはすべての基本であり、実際にこれだけであっても業務における重要な感覚を多く得られるようになります。

図28
今後の推移を推測する

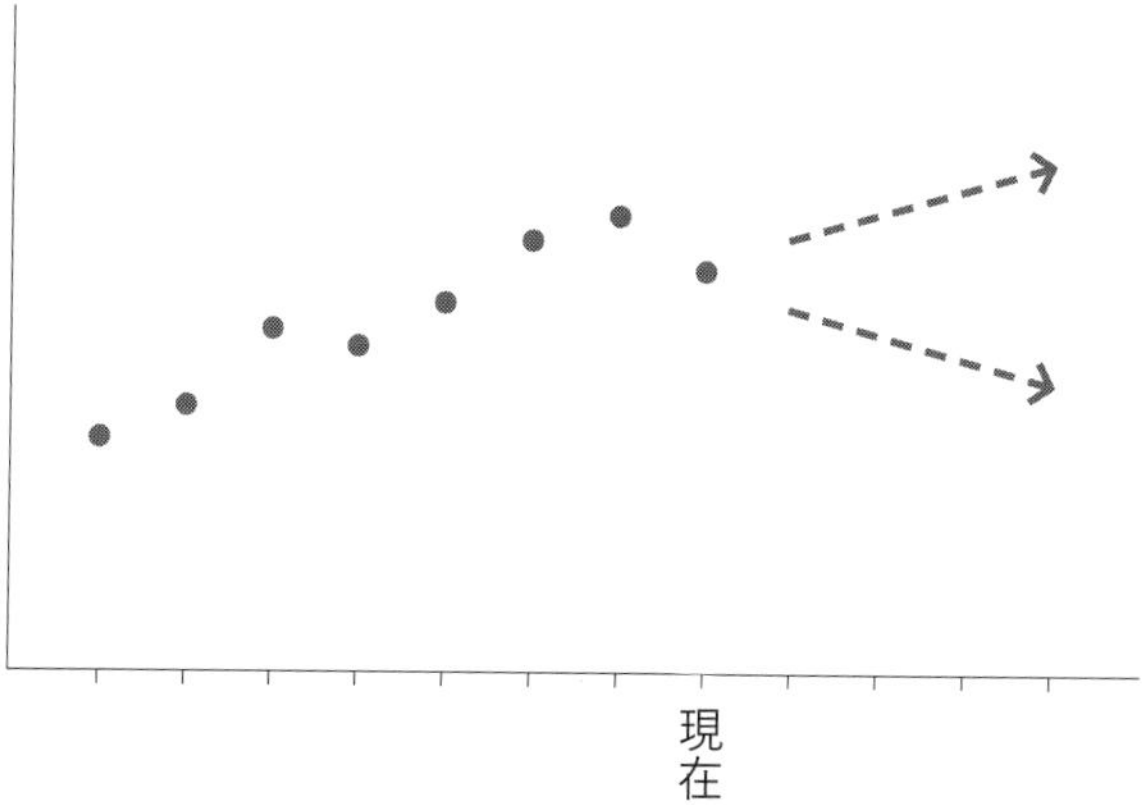

とくに熟達者であればこの作業だけでほぼ全体を見通すこともできます。たとえば売上高の推移の傾向が把握できたとすれば、そこから得られる今後の推移の予測が浮かび上がり、さらにはこの時点ですでに打ち手の候補がいろいろと浮かんでくるという人もいるでしょう。

ＫＰＩの数値をチームで共有する

初手においてはまず、ＫＰＩの数値を先入観なくしっかりと見ることが大切ですが、さらに同じＫＰＩを同僚たちと一緒に確認することも重要です。自分以外の人はその数字をどう見ているか、ということがわかります。同じ数字をめぐって感じ方が違うことはじつは意外に多いのです。違った意見を聞くことはチームにとっても自身にとっても非常に有用で、ＫＰＩをメンバー間で公に設定・共有することで考えの交換ができ、チームとしての分析につながっていきます。

このメンバー間でのＫＰＩの把握こそが最初期にやるべき最重要の施策と言っても過言ではないと思います。

「比較」することが分析の基本

ＫＰＩのデータを収集できたら、今度はデータをいろいろ比較してみましょう。今月と前年同月比、あるいは地域Ａと地域Ｂとの比較等、同様のＫＰＩの異なるデータから、いろいろなことがわかります。

比較の秘訣

● 期間を適切に区切る（周期等の特徴がある場合はそれを見極める）
● セグメント（地域、商品別等）を比較する

関連事項に留意する

たとえば、売上を月別に比較して見ていったときに、売上が多くなる月と少なくなる月が見えてくると思います。前月比から大きく落ち込む箇所があれば、その理由を探ってみるきっかけになります。またその傾向が周期的であれば、突発的なものではなくなんらかの定常的な要因があると考えるべきでしょう。外的要因なのか（たとえ

ば季節によって市場の売上が変化する商品等）、内的要因なのか（たとえば営業的な社内リソースが不足する時期が定期的にある）、それを考えていくことは市場と自社の状況を理解する手助けとなりえます。

また、異なる地域ごとに差を見ていくことでもさまざまな示唆を得ることができます。地域経済の特徴の違いによって売上の差が出ているのか、あるいは自社内での地域別のリソース配分の事情による差なのか。その理由が明確にできれば今後の打ち手の優先順位も自ずと決まってくるでしょう。

そして、大まかな傾向が摑めた上で、予想を超えたデータが出てくることがあります。単なる計測ミスの場合や偶然起こった出来事によることもありますが、外部環境（市場）や内部環境（社内）に大きな変化が起きている可能性があります。

たとえば、ある地域に強力な競合が現れて市場シェアを脅かされつつある（外部環境）、あるいは自社内の供給能力のばらつきが構造的に起こるようになっていて納期を順守しにくくなってしまっている（内部環境）、といったことは典型的によくある事象でしょう。

もし環境の変化が起きていたとしても、むやみに動いて悪化させるよりは静観をし

図 29
推移のパターンを捉える

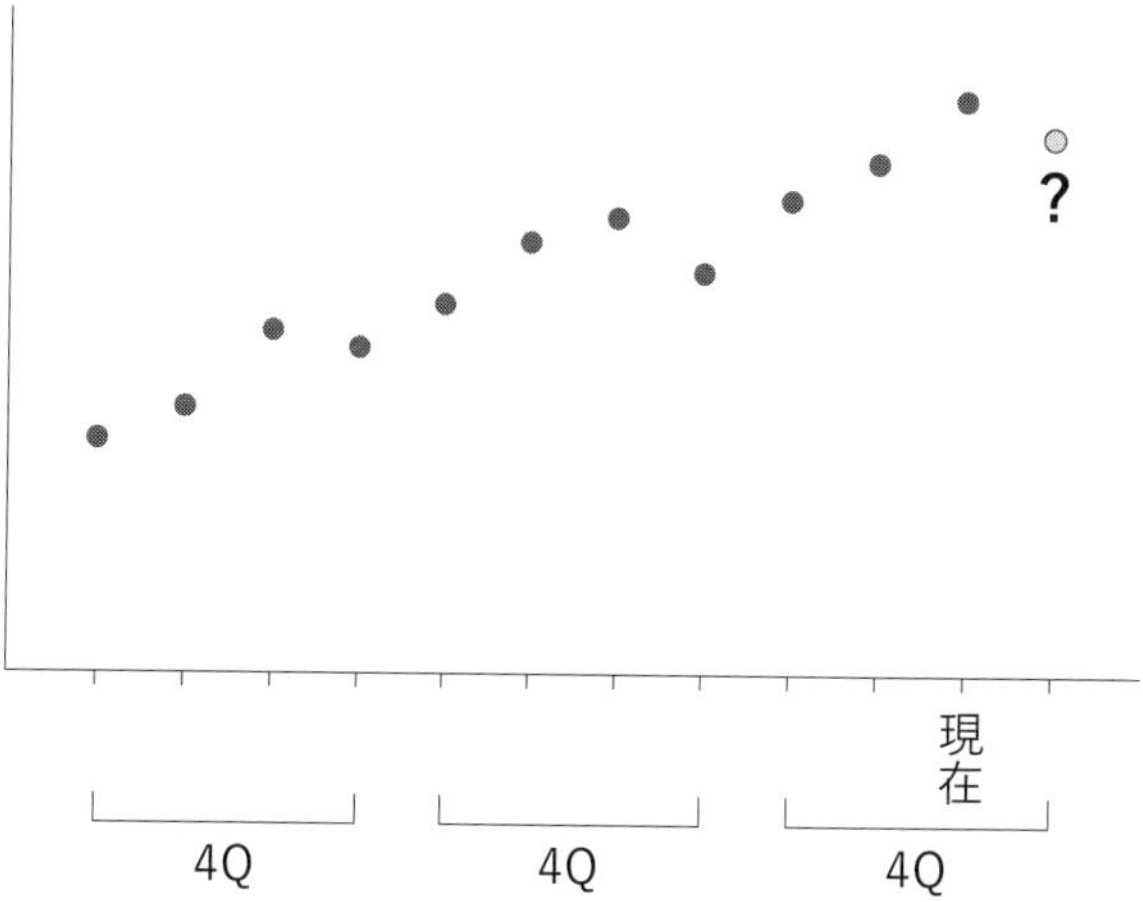

図 30
異変に気付く

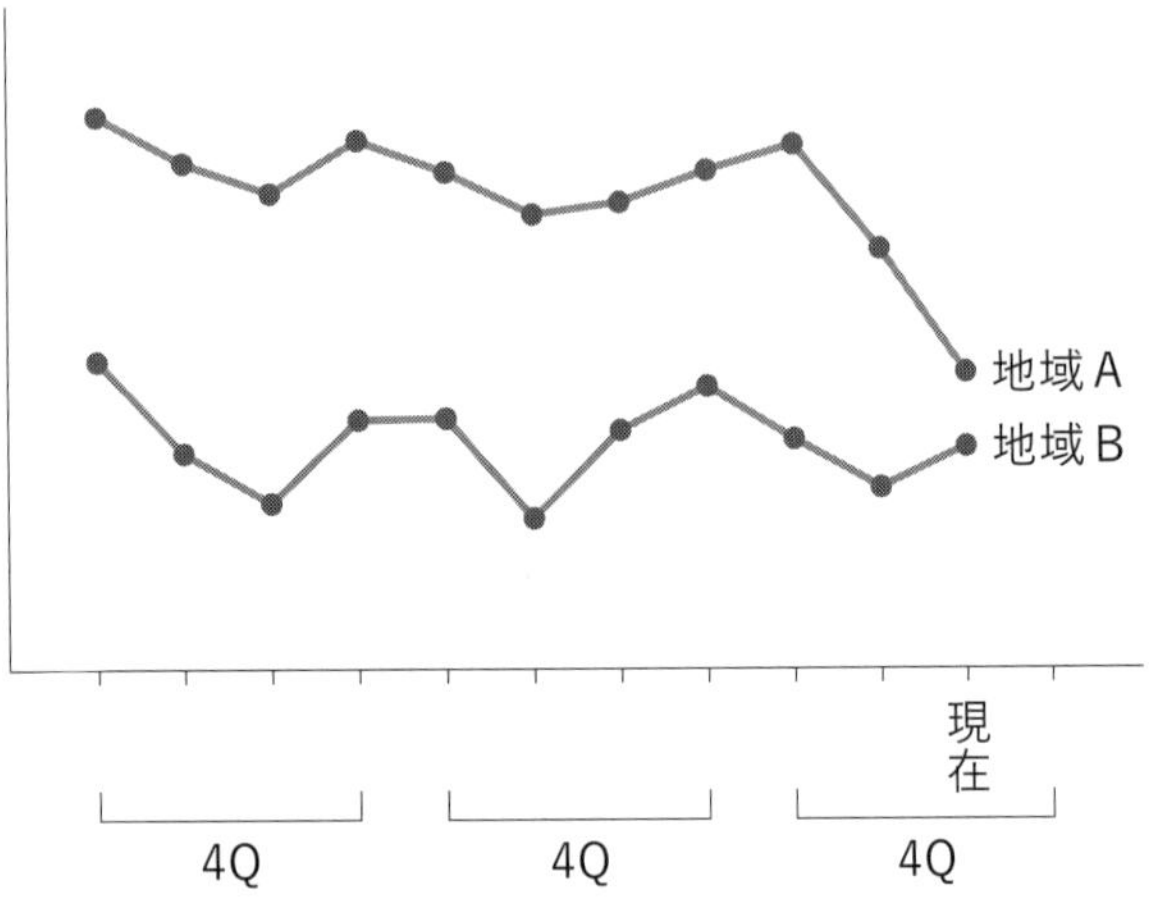

ておくほうがよい場合もあります。ただ、いざというときにはいち早く気付いて的確に手を打つことができる、またその前段となる議論をすることができる。そういったビジネス的な基盤を備えることがＫＰＩのモニタリングによってはじめて可能になるのです。このスタンスはどのようなセクションであっても共通するものと言えます。

必要に応じたＫＰＩのブレークダウン

ＫＰＩを設定して数値を確認し、その上でいろいろと比較をしてみてビジネスの状況を大まかに捉えられたとして、それでももっと嚙み砕いた数値が欲しい、フィットする解像度で確認をしたいということもあると思います。その場合には必要に応じてＫＰＩをブレークダウン（分解）してみましょう。

たとえば月の売上をブレークダウンするとして、「既存顧客の売上」と「新規顧客の売上」を分けて考える、といったことができます（加算的分解）。また、「エリアＡ」と「エリアＢ」「エリアＣ」といった分解、年齢別といった分け方もできると思います。担当者が自身の業務に必要なセグメントに従ってＫＰＩを適宜ブレークダウンして見ていくわけです。

●加算的分解
- 全売上高＝既存顧客の売上＋新規顧客の売上
- 全売上高＝
エリアA売上高＋エリアB売上高＋エリアC売上高

●積算的分解
- 全売上高＝（のべ）顧客数×顧客あたり売上額（客単価）
- （のべ）顧客数＝
顧客実数（ユニークユーザー数）×平均リピート回数

あるいは、全体の売上高を「顧客数」と「顧客あたり売上額（客単価）」に分解して見てみる、といったアプローチもあります（積算的分解）。全体を増やすためには顧客数を増やしたほうがいいか、客単価を上げていくほうがいいか、といった議論をする上で必要な数字となります。顧客数（のべ顧客数）もさらに「顧客実数（ユニークユーザー数）」と「平均リピート回数」に分解して考える、ということもできます。

上の式で示した加算的分解と積算的分解を組み合わせることも可能です（左の式）。

ＫＰＩをより分析的にモニタリングしていく際には、このように必要に応じたブレークダウンをして、目的に合った解像度で自身が見たいものを見ていくことができます。

全売上高＝既存顧客の売上＋新規顧客の売上
全売上高＝エリアA売上高＋エリアB売上高＋エリアC売上高

エリアA売上高＝エリアA顧客数×エリアA顧客あたり売上額
エリアB売上高＝エリアB顧客数×エリアB顧客あたり売上額
エリアC売上高＝エリアC顧客数×エリアC顧客あたり売上額

エリアA売上高＝
エリアA既存顧客数×エリアA既存顧客あたり売上額＋
エリアA新規顧客数×エリアA新規顧客あたり売上額
エリアB売上高＝
エリアB既存顧客数×エリアB既存顧客あたり売上額＋
エリアB新規顧客数×エリアB新規顧客あたり売上額
エリアC売上高＝
エリアC既存顧客数×エリアC既存顧客あたり売上額＋
エリアC新規顧客数×エリアC新規顧客あたり売上額

エリアA（のべ）顧客数＝
エリアA顧客実数×エリアA平均リピート回数
エリアB（のべ）顧客数＝
エリアB顧客実数×エリアB平均リピート回数
エリアC（のべ）顧客数＝
エリアC顧客実数×エリアC平均リピート回数

エリアA売上高＝（エリアA顧客実数×
エリアA平均リピート回数）×エリアA顧客あたり売上額
エリアB売上高＝（エリアB顧客実数×
エリアB平均リピート回数）×エリアB顧客あたり売上額
エリアC売上高＝（エリアC顧客実数×
エリアC平均リピート回数）×エリアC顧客あたり売上額

施策を検証するためのデータ収集

ＫＰＩのモニタリングをして現状や傾向を把握できたら、次は状況の改善に着手します。

すでに用意されているメニューでの施策を行ったとして、その効果を数値の変化で測ります。目標となるＫＰＩを施策の前後で直接測定するのはもちろんですが、プロセスに即してもう少し細かく見ていく場合もあります。

プロセスごとの数値を把握する

たとえば、月間売上がＫＰＩだとしてそれを改善する場合、その前段となる受注の確率と期待値、またその前段の見積もり提案依頼の獲得数、その前段となる商談数、商談に至るための顧客訪問数、顧客訪問を実現するための顧客接点の獲得数、といったプロセスとして見てそれぞれの施策と効果を数値で確認していく、というやり方で

図 31
プロセスごとの数値を把握する

月間売上
（KPI：400万円）

↑

見積もり提案の平均額と獲得受注数
（KPI：見積もり提案平均額80万円、獲得受注数5顧客）

↑ 残留率 33%

見積もり提案依頼の獲得数
（KPI：15顧客）

↑ 残留率 75%

商談数
（KPI：20顧客）

↑ 残留率 40%

商談に至るための顧客訪問数
（KPI：50顧客）

↑ 残留率 50%

顧客訪問を実現するための顧客接点の獲得数
（KPI：100顧客）

す。

こうすることで、メニューの中の何の施策がどのような効果を与えたのかが明瞭になります。逆に言えば、プロセスが何段階かある場合には、このように見ていかないと最終的にＫＰＩに何の施策がどう影響したかがわかりにくくなってしまいます。打ち手ひとつひとつを検証できるプロセスに分けておきましょう。

プロセスを分けて見ていくコツは、必要以上に細かくせず、打ち手の検証に必要な程度で細分化することです。細分化されたプロセスには、それぞれＫＰＩを置きましょう。

このときにできるだけ図式化しておくと全体と部分の関連性がわかりやすくなります。下流プロセスから上流プロセスへの影響、フィードバックの関係が見えるようになることで、打ち手の検討や検証がしやすくなります。

打ち手を打つ場合、変数を限定する

最終的に集約されるＫＰＩの数値が最重要だとして、その改善に最適な打ち手はたくさん存在します。少なく見積もったとしてもプロセスごとに打ち手が複数ありえるでしょう。打ち手の候補がすでにたくさんあるとして、善は急げであるとしてもそれらを同時に行うことは避けなければなりません。ビジネスにおいては施策は早く行うべきではありますが、一度に複数の手を打ってしまうと、ＫＰＩで効果が確かめられたとしてもどの施策が効果的であったのかがわかりにくくなってしまうのです。

たとえば、顧客訪問から商談の獲得へのプロセスで、改善策として①配布資料の改稿と②訪問時スタッフ人数変更があったとして、同時に試してしまうとどちらの改善策が有効であったかがわかりにくくなってしまうでしょう。

流動的なビジネス環境ではなかなか難しいことも多いと思いますが、可能な限り打ち手は一つずつ試して効果（効いたか／効かないか）を確かめていきましょう。

反復確認を心がける

施策の検証において、施策を行って数値が前回よりも改善した場合、この打ち手は効果があったと言えるでしょうか。おそらく効果があったのだろうと推測はできますが、他の偶然がたまたまもたらしたものかもしれません。そのため、一度だけで結論を出してしまうと、誤った施策評価となってしまう場合があります。誤った施策評価が固定化することは、どのようなビジネスにとっても非常に大きな問題となります。それを防ぐために、一度だけではなく確信を得られるまで度々の確認をすべきです（回数等の目安の考え方に関しては後述します）。

ただ、時間的な制約がどうしても厳しい局面もあると思います。そのときには、たとえば加算的分解で独立並行しているKPIでそれぞれ試していく、という方法があります。同時に複数ケースで検証できるため、検証スピードを稼ぐことができます。たとえば、エリアAからエリアEの5地域で同じ施策を実施し、ほぼすべてのエリアで結果が出たものに関しては有効だったと評価する、といった運用を設計します。これによって数回分にあたる期間を短縮することができます。

CT（比較試験）、ABテスト――ビジネス上の実験と検証

設定が可能であれば、施策をしない群と比較をするとより精度が上がります。たとえば、似たような地域をA地域とB地域に分け、施策を行なった地域と行わなかった地域を比較するのです。また、ウェブマーケティングであれば、同様の用途でのデザインの異なったウェブページを用意して、顧客の反応を比較します。この方法は科学

図32
CT（比較試験）での検証

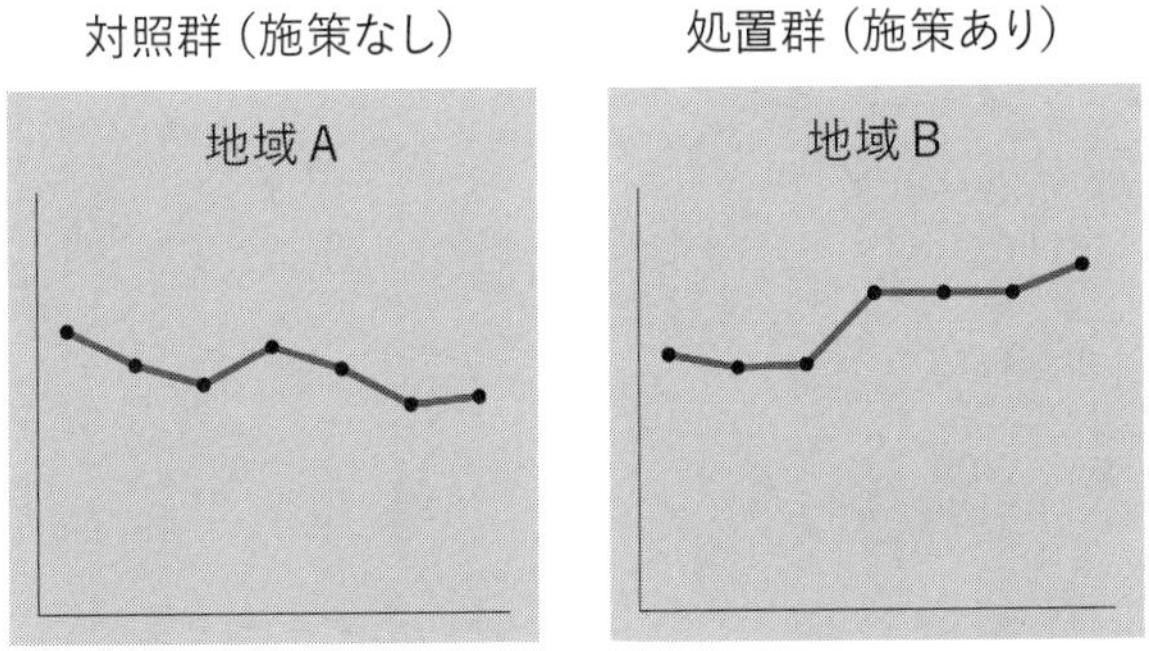

地域Aと地域Bは特徴的に似たところを選ぶ

的な実験の手法に基づいており（CT：comparative trial 比較試験）、より確度の高い評価ができるようになります。

もし、より重要な施策評価をするのであれば、この評価方式で慎重に見ていくほうがよいでしょう。

とくにウェブ系のマーケティングではABテストとも呼ばれます。ウェブのトラフィック（流入量）をランダム（無作為）に分けて、同様の機能の異なるデザインのウェブページを用意し、それぞれの反応の比較をします（ランダム化されたCTを専門用語でRCT：randomized controlled trial ランダム化比較試験、と呼びます）。RCTは検証のエビデンス水準が高く、とくにウェブ上のABテストはリアルタイムでRCTができるため、科学的な検証としては理想的な環境だと言えます。

また、ランダム化せずトラフィックの傾向に特徴のある群間での比較をする場合もあります。これは施策の相乗効果を確認する場合等に用いられます。

相乗効果を見るにはそれぞれの効果を確認してから

ある施策の効果は他の打ち手と関連性を示すこともあります（相乗効果あるいは交

互作用)。まずは施策ひとつひとつを検証し終えた上で、施策の相乗効果が期待できそうな施策セット(A、B)を選び出して実行に移します。その際にAの施策の効果が高い群と低い群に分けて、施策Bを追加的に実施した場合の比較をして相乗効果を検証します。相乗効果のある施策の組み合わせを見つけられればビジネス上の強力な武器となりえます。ただ、試行錯誤の組み合わせが多くなり検証が複雑になりやすいため、事業に精通しかつ統計に明るい上級者が検証の設計をする必要があります。

仮説を立てるためのデータ収集

「仮説」の重要性

KPIをモニタリングする目的には「状況把握」「施策検証」がありますが、もう一つが新たな「仮説」を立てる材料にすることです。仮説を立てることによって、既存のメニューではない新しい施策を作ることができます。

「仮説」とはここでは因果関係を伴う関係性を想定したものを指します。ＫＰＩを動かしうる要素を推定・分解しつつ、どのようなメカニズム（因果的連関性）で事象が成り立っているかを仮説化するために過去データや現在のデータを分析します。口語的に言えば「こうなればこうなる、なぜならば」と説明できるもの、という捉え方でもよいと思います。

仮説を立てたのちには、今後のＫＰＩの数値でその仮説が正しいかどうか、どう機能しているかを検証していきます。仮説が概ね正しそうということであれば、その仮説のメカニズムに沿った打ち手を必要に応じて適宜ピンポイントで打っていくことが可能になります。また、似たような状況の異なるケースでこの仮説を応用展開できるようになります（横展開）。

これは、変化の激しいビジネス環境においてはとくに求められる能力だと思います。

因果関係、トレードオフ関係を考える

大まかな因果関係が把握できれば、施策を行った際に何が作用するかがわかり、ま

た反作用も予測することができるようになります。その結果として、施策の実施判断の精度を上げることができます。

たとえば、商品の価格を安くした場合に売れる量が増える、また商品の価格を高くした場合に売れる量が減る、というトレードオフの関係が意識されたとして、これを「価格弾力性」として仮説化したとします。その価格弾力性の現れ方に、商品特性や地域特性、時期的な違いがあり、それがどのようなケースでどの程度で現れるか（価格弾力性が高いか低いか）、ということを過去のデータやリアルタイムデータで確認できる場合があります。

来期以降の売上増を考えたとして、価格弾力性が低そう（価格が購買量に対して影響が小さい）と判断されたある地域でのある商品に関しては今後値上げをしていく（あるいは値引き戦術を行わない）、ということは売上高向上のための施策として一つの選択肢になりうるでしょう。「これは価格弾力性が低いケースに当てはまるのではないか」という仮説がある場合は、ケースを絞らずやみくもに地域と商品を変えて試してみる場合に比べて、効率性が格段に大きいものになります。また上手くいった場合には、類似的な地域には当初からこのような仮説ベースでの施策検討ができるようになります。

上手くいかないケースが出てきた場合も、仮説を見直して強化する機会になりますので、重要な発見・フィードバックとして関係者間で共有をしておきましょう。たとえば、値下げをすると売れ行きが悪くなるケースが秩序を伴って現れる場合もあります。ちなみにこの現象は、一般的には「衒示的消費」（見栄の消費）として仮説化されていますが、仮説化できればそのメカニズムが働くケースを実際に見つけて施策に応用していくことも可能になるでしょう。

重要度に応じてテストを繰り返す

因果関係を想定した仮説を構築して検証までを完遂することは一般的になかなか難しいことです。流動的なビジネス環境であればなおさらでしょう。ただ、いずれにしても因果関係として確信を得るためには再現性の観点から繰り返しデータを確認する必要があります。そして、絶対確実と言えることはない世界でもありますから、「これで絶対に大丈夫」と慢心することなく常に検証を続けているというマインドでＫＰＩを眺める、そのようなスタンスでいることが賢いように思います。

●状況をモニタリングする（現状把握のためのＫＰＩ検証）
●施策の結果を確認する（検証のためのＫＰＩ検証）
●仮説を立てる／施策（仮説探索と選定のためのＫＰＩ検証）

これを「繰り返す」

順番は異なりますが、ＫＰＩで常に状況把握をしながら、施策選択、実行、検証、仮説化してフィードバック、また施策選択、という流れはいわゆる「ＰＤＣＡのサイクル」そのものです。

ＫＰＩの結果を受けて当初プランを評価し、更新していくことで、ビジネスは確実に前進していきます。

小さな変更（改善）のサイクルを回すことはもちろん、ときには大きな変更（ピボットによるいったんの終了と大きな方向転換）の判断もありうるでしょう。

それもすべては適切なＫＰＩマネジメントで判断が可能になるのです。

図 33
重要度に応じてテストを繰り返す（PDCAを回す）

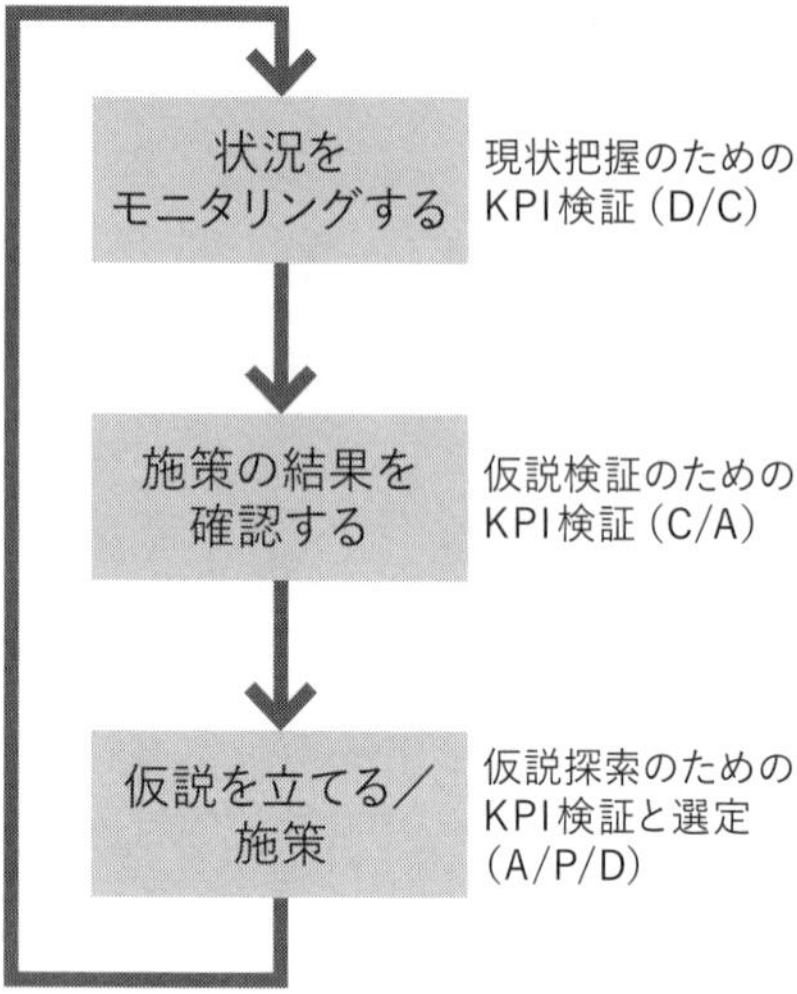

コラム

必要なKPIを自身で創り出す（デュポン方程式）

どうしても既存のKPIでピンとくるものがない場合は、自身で作ってみることも考えてみましょう。

必要なKPIをいつでも自分で作れるようになれば、不要なKPIを除くこともさほど怖くなくなるのではないかと思います。

●デュポン方程式（デュポン・フォーミュラ）

KPIを自身で作る場合に参考になるものにデュポン方程式があります。米デュポン社が1920年あたりから企業経営に使用していたとされる数式で、会計を学ぶ際によく登場するため既知の方も多いかもしれません。

デュポンは多くの企業同様、ROE（自己資本利益率）をKGI／KPIにしていました。ただ、他の企業と異なっていたのは、ROEを分解展開してKPI設定をしていた点でした。

$$①ROE = \frac{利益}{自己資本}$$

$$②ROE = \frac{利益}{売上高} \times \frac{売上高}{自己資本}$$

$$③ROE = \frac{利益}{売上高} \times \frac{売上高}{総資産} \times \frac{総資産}{自己資本}$$

①の数式を②に分解しました。つまり、ＲＯＥを「売上高利益率」と「自己資本あたり売上高」という２つのＫＰＩの合成として考えたのです。式の右辺の分母と分子に売上高がありますが、計算上は相殺されることがわかります。つまり、「売上高」を恣意的に考慮したＲＯＥの算定法として示しているわけです。

これによってデュポンは、売上高と利益の関係（利益率）を重視することができました。また、自己資本あたりの売上高は「資本の資金効率」を表します。自己資本の効率がよく、売上高あたりの利益が大きければＲＯＥは増大することがこの式からわかってきます。

デュポンは当時、他社に先駆けてこの２つのＫＰＩを意識して経営を行っていました。その成果は絶大で、デュポンの経営の秘密の鍵としてみな知りたがったということです。

今知られるデュポン方程式はもう少し複雑で、③のような数式で表されます。

これは②をさらに展開して「総資産」を追加したもので、右辺の項目の2番目と3番目が変化していることがわかると思います。売上高／総資産は総資産あたりの売上高で「総資産回転率」と言われることもあります。総資産／自己資本は自己資本あたりの総資産額でいわゆる「財務レバレッジ」を示しています。
③を展開するにあたっての主眼は、3番目の財務レバレッジを考えることです。総資産＝自己資本であれば、②と意味は変わらないわけですが、総資産と自己資本の関係を考慮したい場合として3番目の項目を立てるために2番目の項目をそれに従って変えた、という建て付けと考えることができます。
この③の式でROEを見ていくときに、KGIに対してKPIは3つ、まずは「売上高利益率」を向上させ、「総資産回転率」を高め、「財務レバレッジ」をより高める、というマネジメント目標が意識されることがわかるのではないでしょうか。

【例】

$$\mathrm{ROE} = \frac{\text{利益}}{\text{売上高}} \times \frac{\text{売上高}}{\text{社員数}} \times \frac{\text{社員数}}{\text{自己資本}}$$

$$\mathrm{ROE} = \frac{\text{利益}}{\text{売上高}} \times \frac{\text{売上高}}{\text{店舗面積}} \times \frac{\text{店舗面積}}{\text{自己資本}}$$

$$\mathrm{ROE} = \frac{\text{利益}}{\text{売上高}} \times \frac{\text{売上高}}{\text{店舗面積}} \times \frac{\text{店舗面積}}{\text{社員数}} \times \frac{\text{社員数}}{\text{自己資本}}$$

$$\mathrm{ROE} = \frac{\text{利益}}{\text{売上高}} \times \frac{\text{売上高}}{\text{上市商品数}} \times \frac{\text{上市商品数}}{\text{開発担当数}} \times \frac{\text{開発担当数}}{\text{自己資本}}$$

$$\mathrm{ROE} = \frac{\text{利益}}{\text{売上高}} \times \frac{\text{売上高}}{\text{上市商品数}} \times \frac{\text{上市商品数}}{\text{開発担当数}} \times \frac{\text{開発担当数}}{\text{自社開発担当者数}} \times \frac{\text{自社開発担当者数}}{\text{自己資本}}$$

デュポン方程式の構造は、【例】で示したように上記以外の要素を追加していくことができます。また、ＲＯＥ以外にも応用が利きます。自社と自身に必要なＫＰＩを作るヒントとして、参考にしてみてください。

第5章
運用を効率化する

どのＫＰＩが決定に重要か、を判断する

ビジネス環境は多様であり変化が激しいため、管理するＫＰＩは往々にして多くなってしまうものです。ときにディテールの把握が明暗を分けることもありますから、できる限り詳細に把握をしておきたいという心理が生じてくるのは当然なことでしょう。そのひとつひとつが欠くべからざる重要な指標である。仕事をある程度続けていれば、そのように感じられてくるのも自然なことだと思います。

しかし、ＫＰＩが増えすぎると逆に全体の把握がしにくくなってしまうこともあります。実際はさほど重要ではない些細なことが気になってしまい、それがノイズとなって意思決定を曲げてしまう、ということも起こりやすくなってきます。

たくさんあるＫＰＩのすべてを気にすることが逆効果になっているのではないかと違和感を持った場合には、ＫＰＩをシンプルに整理するということも一案です。

それにはまず優先順位を付けてみることが有効です。重要なＫＰＩを優先して考えられるようになれば、並行状態でＫＰＩを扱うよりも判断がシンプルにできるようになります。

また、複数あるＫＰＩを系統立ててまとめてみることも有効でしょう。たとえば50のＫＰＩを５つの系統にまとめられれば、バラバラとしている場合よりも場面に応じてフォーカスしやすくなります。また全体の概観もしやすくなるでしょう。

運用法に関しても、大胆な割り切りをしてもよい場合もあります。細かく見るよりも大意を取ったほうが最終的に得策であることも往々にしてありますから、その見極めは重要です。

その上で、思い切って不要と思われるＫＰＩを削ぎ落とすことができれば、仕事の進捗状況把握の効率が上がり、意思決定もよりしやすくなるでしょう。ただ、のちに重要になってくる場合もありますので、削ぎ落とすことは勇気のいることでもあります。削ぎ落とすのが難しい場合は、計測は続けながら重みづけを変えてみる（たとえば参考値として扱う）といった手法も有効です。

このように局面に応じて重要なＫＰＩをシンプルに考えていくためにはさまざまな工夫があります。必要なものをその状況下で吟味するための着眼点を押さえていきましょう。

ＫＳＦを意識する

ＫＧＩに直接作用する（十分条件として作用する）ＫＰＩの項目をＫＳＦ（Key Success Factor）と呼ぶことがあります。これが明確な場合は、優先して打ち手を考えます。

たとえば、営業の売上がＫＧＩだとして、時期的に需要が高まっていて顧客の新規開拓数（ＫＰＩ）がＫＧＩを上げるのに非常に有効だという場合は、まずこのＫＰＩに関して注力をします。新規開拓はこれまで以上の売上高を積み上げるためにはとても有効ですが、必要な労力も大きくなりがちです。平時よりもそれが容易に成功するのであれば、他の選択肢よりもこれを優先するのは理に適っています。また、新規顧客がその後も取引の継続をしてくれるのであれば、ＫＧＩの今後のパフォーマンスも引き上げることができるでしょう。

逆に需要が縮小してきている場合は、コストがかかる新規開拓は控えて、既存顧客のメンテナンスのほうを重視する、という方針も考えられます。

ＫＳＦが必ずしも明確な場合ばかりとは限らないものの（そしてＫＳＦの多くは一時的なものですが）、もしＫＳＦとして確からしいと判断できた場合は、このように他のＫＰＩの事項よりもまず優先して考える、という方針によって判断をシンプルにしていくことができます。

「制約条件」を優先する

プロジェクトマネジメントには「制約条件」という考え方があります。たとえばプロジェクトのリソースあるいはプロセスごとにＫＰＩが設定されているとして、そのプロジェクトを制約してしまうプロセスあるいは要因のことを制約条件と言います。

例を挙げると、植物の成長には、水、空気、日光が必要ですが、いちばん少ないものに成長が決められてしまいます。最小のリソースに成長が制約されるということは、他のものがどれほど潤沢であっても成長を促さない、ということです（制約条件でないものを改善することを「部分最適」と言うこともあります）。

図 34
プロジェクトは「制約条件」に制約される

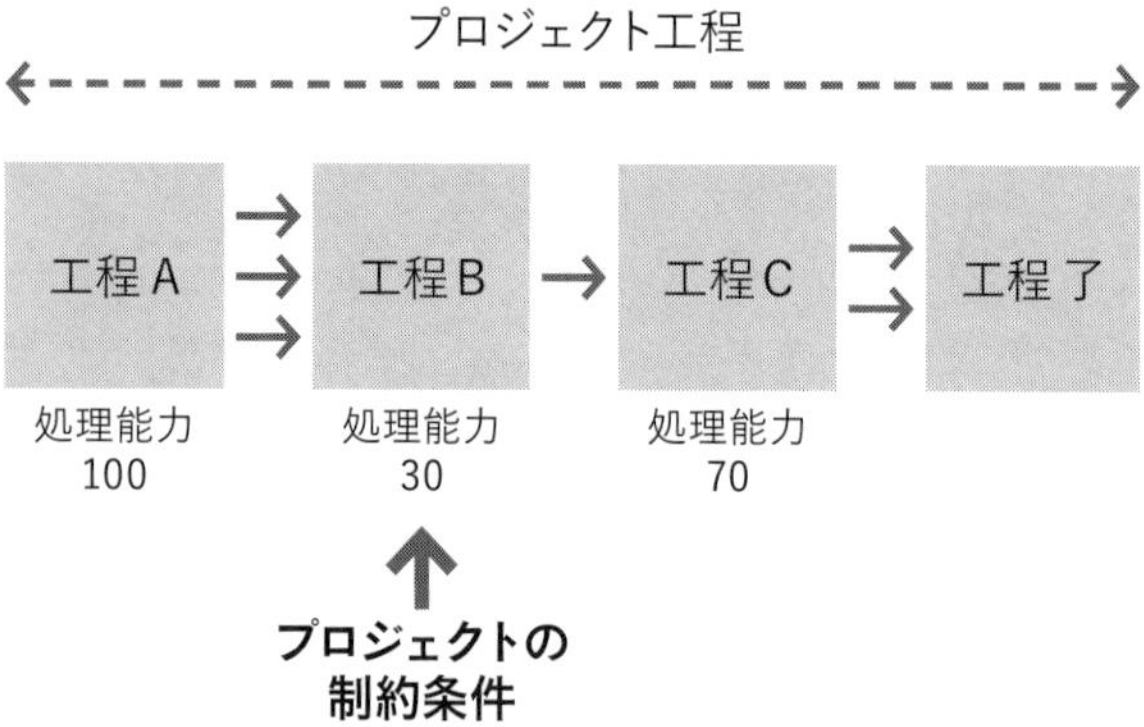

企業で言えば事業リソースの問題として考えられます。資金、人員、技術といった要因の中のいちばん不足しているものにアウトプット（業績）が制約されるということです。これらの不足がKPIのモニタリングでわかるようにしておき、制約条件になっているものにいち早く手当てをすることで、全体のパフォーマンスを上げることができます（これを「全体最適」と言うこともあります）。

たとえば生産プロセスで見ていった場合に、最も人員が手薄なプロセスに滞留が生まれやすくなりますが、全体の生産量はそのプロセスに制約されてしまいます。このときにもし他のプロセスを改善したとしても、滞留が解消しなければ全体の生産量は変わりません。ですから、全体の中で何を優先して手を打つべきかに関しては、まずは制約条件を優先する、というのが生産管理のセオリーとしてあります。

「動的」な観点を持つ

制約条件に打ち手を打ってそのプロセスを十分に改善した後に、それ自体は全体の制約条件から脱して、他のプロセスが新たに制約条件となる場合があります。制約条件が変わった場合には、従来の打ち手をやめて、新たな制約条件に対してアプローチをしていきます。

このように動的にプロセスを管理するためにも、全体のプロセスのそれぞれをKPIで見ていくことが重要です。

また、制約条件は内部のプロセスに限らず、マーケットや取引先等の外部に存在する場合も出てきます。その場合は、外部環境の変化によって自社のリソースの最適化も大きく影響を受けます。外部の制約条件がネックになっている場合は、同様の機能を拡充できるように当該企業に交渉をする、プロセスを一部代替できる企業を探す、内部化を含めて抜本的にプロセスを見直して新たに構築する、といった選択がありえます。

その場合でも事前と事後で制約条件が変わることをしっかりと把握し、事業プロセスの拡充・組み換えを大胆に行っていくことが重要で、これは昨今のファブレスやOEM（相手先ブランドによる生産）を含む複雑なサプライチェーンの戦略にも応用されています。

さらに言うと、何度かこのように動的に対応していくと、制約条件の箇所がまたもとのところに戻ることがあります。制約条件への手当てを繰り返していくと推移がサ

図 35
制約条件は移動する

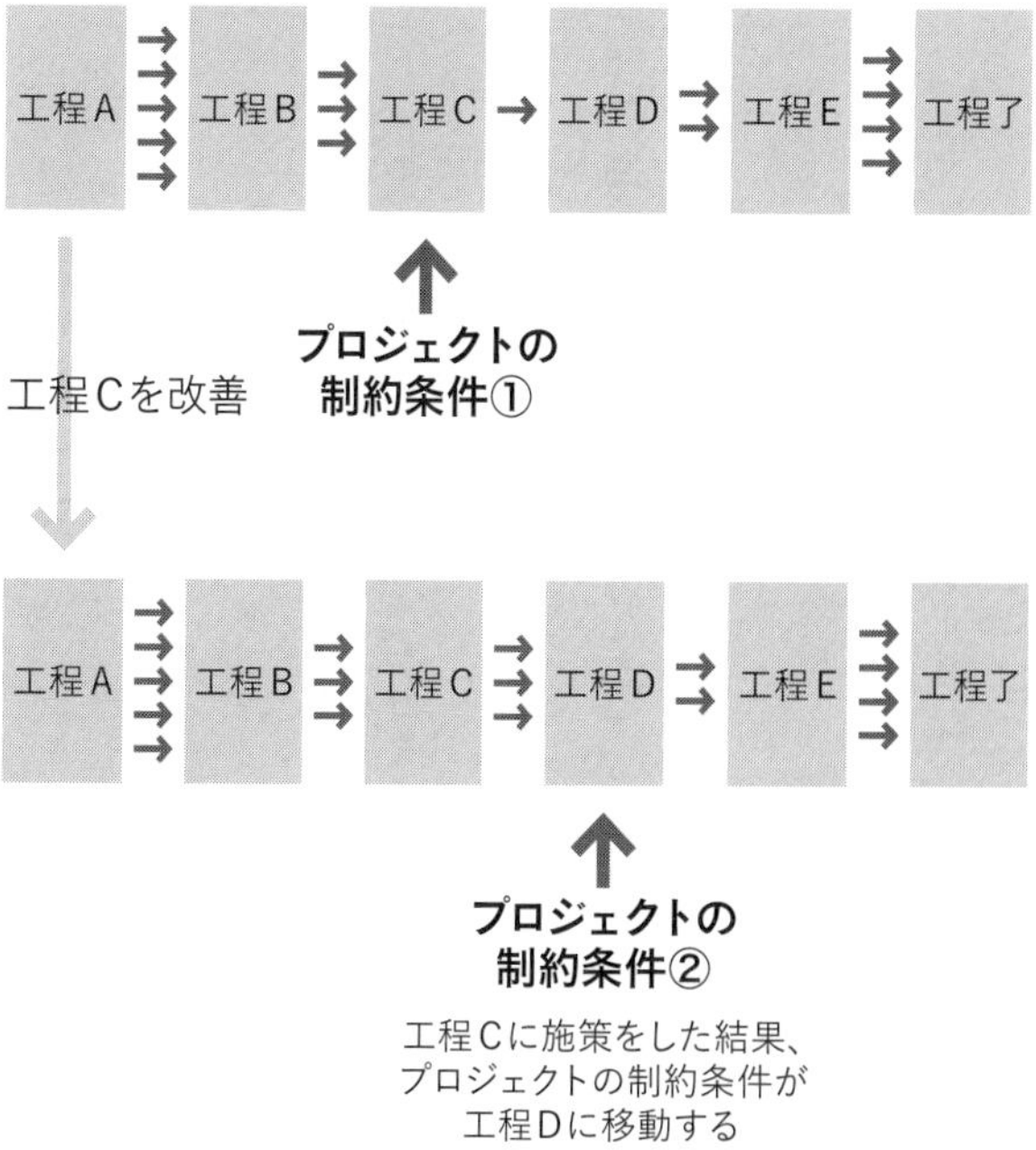

イクリック（円環的）に収斂する場合がありますが、数回続く場合はこのようなパターンとして把握しておくと次回以降に施策が打ちやすくなります。これが対策の「ノウハウ化」がなされる方法論の一つでもあります。

不確実性が高いときの対処

KPI把握の抽象度をチューニングする

不確実性の高いプロセスを管理する場合、つまり想定できることが限られ、想定できない事象の影響が大きい場合には、KPIの優先順位がつけにくく、KPIの数値をモニター、解釈する際にも注意が必要になります。

たとえば、新規事業の進捗状況をKPIで管理している場合、プロセスの進行速度は一定ではないことが多く、順調なときは大幅に進んでも進みにくくなると停滞がしばらく続いてしまいがちです。このようなケースでは進行を平準化しようとしても難しいことが多く、無理にそうしようとすると逆に悪影響となる場合があります。

このような不確実性への対処は、期間を決めてざっくり大まかに見てみる、移動平均（ある期間の平均値を取ること）で判断する、想定幅に収まっているかどうかをチェックする、アウトプット計測に対数スケールを使う（たとえば〝桁〟に注目する）といった工夫で、数値への感性的な粒度を調整してみることが有効な場合があります。いくつかの粒度調整を試してみて（たとえば日ごとではなく週ごと、2週ごとで見てみる）、状況把握的によりフィットする加減を見つけてみましょう。

またそうして見ていくことで、今まで見えていなかった傾向や原因を見つけられることもあります。つまり粒度の設定の工夫で、不確実性を低減させていくヒントを得やすくするのです。

リソース配分を手厚くする

不確実性が高い場合には、通常の計画進捗が期待できることは稀です。追加の時間もコストも思いのほかかかってしまうことも多く、それが手薄になるとさらに進捗に遅れが出ることにもなってしまいます。

不確実性が高いプロジェクトだと判断した場合は、程度にもよりますが、時間的・費用的リソースを通常の3倍ほど多めに用意してバッファとしておきましょう。ただこのバッファ分を使用する前提で計画を立てることはせず、あくまで緊急用としておき、また使用する際にはその基準を設けておきましょう。バッファの使用量、残量をKPIとしておけば、当該プロジェクトの不確実性の度合いを当事者とステイクホルダーの全員が推し量ることができます。

OKRの導入

事業環境の不確実性がとくに高い場合は、OKRを採用してみることも検討しましょう。

成功確率が低いか、わからない場合、あるいは、成功したときのアップサイドの数字が読めないとき等には、KGI／KPIによる達成目標自体が機会損失を生むことがあります。達成できなかった場合の評価を適切に行うことが難しく、また達成した場合にはそれ以上のアップサイドを取り逃してしまうことになりやすいのです。

たとえばタクシーの流し営業の不確実性が高いとして、設定した目標まで届かなかった場合にはタクシー運転手のせいかどうかの判断は難しく、また目標まで届いたらそのタクシー運転手は早々にその日の営業を打ち切ってしまうかもしれません。理由は明確でないもののおそらく条件のよいその日に営業を続けるほうが効率がよいにもかかわらず、です。

プロセスを進める上で不確実性が高い場合には、OKRを導入してムーンショットと呼ばれる常識的にはほぼ達成不可能な大きな目標を立てて、その達成度をしっかり確認しつつも達成・未達成での評価はしないかごく軽くにする、という工夫をする企業もあります。このOKRのよいところは、数値が一つないしはごく少数で、評価を気にすることなくシンプルに割り切って注力できるところです。

このとき、数値的な設定の仕方はいくつかあり、常識的な成果の3〜10倍にする、競合がギブアップせざるを得ないだろう数値にするといったゴールを意識した方法から、いわゆる1on1やノーレーティングと言われる「評価なしミーティング」を多用することによって関係者が内的な動機をもとに野心的なコンセンサスを前例にとらわれず主体的に作り上げていく方法もあります。
また厳密にOKRと明示して導入をしていない企業でも、KPIはひとまず脇に置いておき、皆で思い切って一生懸命やってみて上手くいったならば大きなゲインを得られたことを喜び、上手くいかなかったら仕方ないと切り替えてまた次の目標に挑戦する、といったケースは大まかに言えばOKR的なマネジメントと言えるでしょう。対比のために表現を多少オーバーにしましたが、KPIによる漸進的な改善プロセスとはかなり異なるメンタリティでの運用だということが理解していただけるのではないかと思います。

設定に関して他に例を挙げると、シンプルに他社をベンチマークにする方法があります。他社の事業のCAGR（Compound Annual Growth Rate　年平均成長率）が＋20％だとしたら、自社の新事業のCAGR目標を＋40％に置く、といった目安を立てて実行する、あるいはそれがもし可能になるためにはどんなブレークスルーが必要か議論をするといった方法で、イノベーションを創発させる工夫として取り入れているところもあります。

新興のテック企業に好んで採用される、その理由も大まかに理解していただけるのではないでしょうか。

複雑化したKPIをシンプルにする

ＫＰＩは設定し始めると「あれも必要」「念のためにこれも」というふうに増えていきやすいものです。確かにたくさんのＫＰＩがあると安心感を得られますが、多くなりすぎると管理面でも意思決定面でも煩雑なことが増えてきますし、瞬時の判断が必要なときに混乱してしまうかもしれません。できるだけシンプルにしたほうが、それだけ素早く的確に意思決定を行うことが可能になります。ＫＰＩが多すぎて管理が負担だと感じるようになったら、ＫＰＩを一度見直してみましょう。

実態に合わなくなったものを除く

まず、実態に合わなくなったものを取り除く方法があります。以前は重視していた数値がもうすでに重要でなくなっている、ということはよくあることです。ただ、一度設定したＫＰＩを取りやめることは案外に勇気がいることです。また、将来に再び必要になるかもしれません。そのように削除に迷う場合は、ＫＰＩとしては残しておきデータを引き続き収集しながら、参照の優先順位を下げておきましょう。

たとえばあるエリアで競合企業の店舗が撤退し自社店舗での独占が強まった場合には、プライシングと販売量の関係性のデータは必要がなくなるか意味が変わりさほど重要でなくなることもあります。その場合はデータは収集するものの参考データにするといった位置付け変更ができます。

似ているもの、兼ねるものを統合する

似ているものや、兼ねられるものを1つに集約するのも有効です。3つのＫＰＩがあるとして、2つを見ればあと1つは想像がつくという場合には2つにしてしまうこ

とも検討してみましょう。また、より幅広い領域をカバーする別のＫＰＩを設定したことによって、より狭い領域のＫＰＩが不要になる場合があります。そのときも割愛することを考えてみましょう。

たとえば、ある店舗の売上高、売上高成長率、エリア内シェアを計測しているとして、そのエリア内がすでに寡占的な状況下でありエリア全体の成長率も横ばいであるケースでは、その店舗の売上高成長率がそのままエリア内シェアの拡大となっていることがあります。そのような場合は、売上高成長率あるいはエリア内シェアのどちらかを割愛することもできるでしょう。

また、周辺のエリアを含む広域エリア旗艦店Ｃを新規出店した場合で、既存店舗Ａと既存店舗Ｂの売上高がＣと連動しつつも額のインパクトがＣと比較して大きくない場合は、本部は店舗Ｃの売上高動向で店舗Ａと店舗Ｂの分析を兼ねる、といったこともあります。

デュポン方程式の逆をやってみる

他には、デュポン方程式の分解で見てきた方法（第4章末コラム）を、逆向きにし

$$\mathrm{ROE}=\frac{\text{利益}}{\text{売上高}}\times\frac{\text{売上高}}{\text{上市商品数}}\times\frac{\text{上市商品数}}{\text{新規企画数}}\times\frac{\text{新規企画数}}{\text{自社開発企画数}}\times\frac{\text{自社開発企画数}}{\text{自己資本}}$$

↓

$$\mathrm{ROE}=\frac{\text{利益}}{\text{売上高}}\times\frac{\text{売上高}}{\text{上市商品数}}\times\frac{\text{上市商品数}}{\text{新規企画数}}\times\frac{\text{新規企画数}}{\text{自己資本}}$$

↓

$$\mathrm{ROE}=\frac{\text{利益}}{\text{売上高}}\times\frac{\text{売上高}}{\text{新規企画数}}\times\frac{\text{新規企画数}}{\text{自己資本}}$$

あるいは

$$\mathrm{ROE}=\frac{\text{利益}}{\text{売上高}}\times\frac{\text{売上高}}{\text{上市商品数}}\times\frac{\text{上市商品数}}{\text{自己資本}}$$

て畳んでいく方法もあります。分解した項目の重要度が下がった場合は、元の状態に戻して再展開できるようにしておくことも工夫として有効だと思います。

いずれにしても、ＫＰＩは設定するよりも減らしていくほうが難しいものです。複雑な現実を解明するには分析は極力シンプルにすべきで、自身なりにこのセンスを身に付けられれば、ＫＰＩマネジメントの上級者の域に到達したと言えるでしょう。

第6章

KPIの留意点と〝新しい波〟

ここまでKPIマネジメントの概念から運用方法まで、その意義を説いてきました。

KPIマネジメントはビジネス全般にとても有効なものですが、ただそれだけで了となるものではないことも事実です。これはすべてのマネジメントに共通することではありますが、限界もあります。

KPIマネジメントを行う際にとくに落とし穴になりやすい留意点と、それを補完していくヒントについて、最後に簡単に補足しておきたいと思います。守破離ではないですが、この章は、とくにKPIマネジメントの熟達者には折に触れて読み返していただければと思います。

KPIの限界

情報の非対称性

KPIマネジメントを行っていて、同じKPIを用いているのに話が嚙み合わない、ということはよく起こります。意見が違うのであれば健全な議論の範疇ですが、同一の指標を見ていてもなぜかしっくりこない、といった場合は注意が必要です。

それが生じる理由は、ある指標を見るにあたっての各人が依拠する「前提条件の違い」です。何を目的として当該KPIを見ているのか、それが各人の間で擦り合わされていない状況がまずは考えられます。たとえば、プロセス進捗のKPIを見ている担当者として、それを暗黙的に納期優先で見ている担当者とプロセスの安全性で見ている担当者では意見が異なることは十分にありえます。

また、他のＫＰＩを前提として当該ＫＰＩを見る場合と前提条件なしで見る場合では、数値の捉え方が異なってくることもあるでしょう。

たとえば、利益というＫＰＩを見る際に、売上額を事前に見ている人と見ていない人では、利益の数字の意味はかなり異なってくるのではないでしょうか。これらはわかりやすい例ですが、ケースは違えど大なり小なりで似たような状況はありえます。

マネジャーと現場では同じ部署だとしても重視するＫＰＩが異なるのが普通です。「経営陣がこの数字をとくに気にしていた」と思うマネジャーと現場の担当者では同一のＫＰＩを扱うにしても感覚的に異なってくることはよくあることです。


また、あるＫＰＩが揃ってからはじめて機能するＫＰＩもあります。重要ではあるもののしばらくは参考程度で眺めるしかないが、時期がくれば重要視されるものです。

たとえば、顧客満足度のＫＰＩがあったとして、まずはベータ版を格安で普及させることが優先されるフェーズでは品質改善を後回しにする、といったケースです。市場シェアのＫＰＩが十分に高まった後に、顧客満足度のＫＰＩを重視して品質改善を行い、ブランド構築を進めるといった戦略がありえます。

「条件付きのＫＰＩ」とも呼ばれることもありますが、ＫＰＩは単なるフラットな数値以上に〝文脈〟が非常に重要になることもありうる、ということは認識しておきましょう。

全員の前提を揃えることは実際にはなかなか難しいですが（情報の非対称性はいつでもどこでもありえます）、同一のＫＰＩを用いたコミュニケーションの際に違和感を持った場合にはメンバー間で意識的に率直な話し合いをするようにしましょう。

ＫＰＩ自体がバイアスになってしまう

ＫＰＩを設定することで、業務は「見える化」されやすくなりますが、その副作用でそれがバイアスになってしまうこともしばしばあります。最悪のケースではドグマ化してしまい悪影響を及ぼす場合もあります（「利用可能性バイアス」の一種）。

たとえば、新規売上高をＫＰＩとして重視したとして、そのＫＰＩを追求するあまり他がおろそかになる、ということは実際のケースとしてよくあります。

また、ある重要視されたＫＰＩ（たとえば生産数）に密接な関連性がある別のＫＰＩ（たとえば稼働時間あたり故障率）を見つけられたとしても、その重要性を組織として認識・共有できない、というケースもあります。本来、それぞれのＫＰＩはビジネス上の連関性を伴うものなのですが、重要性が強調されたＫＰＩにばかり目が行ってしまうことで逆に些末に見えながら必要不可欠な要素・プロセスが軽視されてしまい、結果としてそのＫＰＩの目標数値達成から遠のいてしまう、ということもよく起こります。

重要なＫＰＩを設定し管理し目標化する場合は、そのＫＰＩを俯瞰的に見て周辺やプロセスの上流下流を含めてチェックする必要があります。

ＫＰＩにしにくいものの存在

ＫＰＩによって見える化すると、見えるものに意識がいきやすくなるとともに、数値化されにくいものへの注意がおろそかになることがあります。

たとえば、とくに近年のビジネスで重要性が意識されてきているクリエイティビティ（創造性）やディープスマート（熟練的知見）といった要素は数値的な能力評価が難しく、ＫＰＩでのマネジメントがしにくいものの典型で、「生産性」の評価に関わる議論にもよく出てくる難問です。

絶妙なＫＰＩ設定ができればベストですが、属人的才能に依拠する部分も多い領域です。ＫＰＩを設定したがゆえに創造性が狭まったり、ディープスマートが評価されないといったことがもしあれば本末転倒となってしまいますので、これらの領域に関するＫＰＩの検討には慎重さが必要です。

ＫＰＩでのマネジメントが難しいとはいえこれらが重要でないということでは決してなく、むしろ模倣不可能性の高い知見は競争優位の源泉となりうるものです。ＫＰＩとして表しにくいという理由で軽視してしまう、あるいは配慮を怠ってしまうと企業にとって大きな損失ともなるでしょう。

管理に関しては、アウトプットベースで大まかに見ていきつつ、試行錯誤が必要な部分に関してはむしろＫＰＩ管理をしないと割り切ったほうが結果的に上手くいくプロジェクトが増える場合もあります。ＫＰＩを重視したいマネジャーにとってこれは歯がゆく思うかもしれませんが、「距離感」を適切にしつつ、存分に活躍できる環境を整えるためのＫＰＩを重視した方針にする、という視点の変え方も有効かもしれません。

コラム

あえてKPIを減らした成功例としての「ティール組織」

KPIを設定したがゆえに現場の負担が増え効率が落ちる、ということがあります。これは『ティール組織』（フレデリック・ラルー著）の中に出てくる例ですが、オランダの看護組織に現場での作業効率を改善するためにKPIを導入したところ、逆に作業効率が落ちた上に患者にとってもよくない影響が出たそうです。

その組織では、業務の拡大とともに効率のためにあらゆる種類の処置に標準時間が設定され、たとえば静脈注射は10分、入浴は15分、弾性ストッキングの交換は2分30秒と定められ、実際にかかった時間が計測されましたが、それは期待通りには上手く機能しなかったと言います。

その後、一転して現場を自主マネジメント（処置のKPIを設定しない）に切り替えます。そうしたところ、看護師と患者の評判はよく、他の同様の組織と比較して40%ほど処置の時間が短くなり、患者の緊急入院は3分の2に減り、看護師の離職率は33%低いという結果となって現れたと言います。

これは厳密な意味でビジネスの事例とは言えないかもしれませんが、しかし現場の感覚を重視し、むしろ可能な限り数値管理をしないということも場合によって有用なことがありうる、ということは心に留めておいてもよいのではないかと思います。

重要なことは、ＫＰＩマネジメントが手段でなく目的になってしまわないようにすることです。会社にとって目的を達成しやすくするためのＫＰＩであって、ＫＰＩをやみくもに重視するようになってしまっては本末転倒だということを考えさせられる一例です。

ＫＰＩにおける「ブラックスワン」

重要なＫＰＩが原理的に認知できない、ということがあります。顕在化してみないと存在が認識できない類のものを総称して「ブラックスワン」と言うこともあります。これは、色の黒い種類の白鳥は発見されるまでその存在を知られていなかったことに由来した呼称です。現れてみてはじめて重要なものだと認識されるKPIもある、ということです。

不確実性と似ていますが、不確実性の場合は存在自体は認知ができるものの帰結の確率が読めない場合の概念であり、対処の難度は高いものの想定はしておくことができます。一方、ブラックスワンの場合は想定自体が難しいため、原理的に事前対応ができない重要事項となります。これが起こってしまった際には瞬発的な機敏さで対応していくことが重要で、悪影響を最小限にコントロールしていくための施策を逐次的に打っていきます（ダメージコントロールと言います）。

よく挙げられる例としては「リーマン・ショック」として有名な2008年の世界的な金融危機があります。投資銀行が金融工学を駆使して大量に組成した〝安全なはずの〟債券のリスクを把握することができずに、債券のデフォルト（不履行）が起きてしまい、事態を把握できないマーケット参加者と金融当局は当初適切な対応ができませんでした。これは、米国での信用力が低い個人向け住宅融資である「サブプライムローン」の信用不安が引き金となっていたのです。

今から見れば意外に思われるかもしれませんが、マーケットには明らかに異変を知らせる兆候が現れていたものの、それはサブプライム問題が原因であるとはすぐにはわかりませんでした。どうやらサブプライム問題が原因らしいという意見が出た後でさえも、そんな微細な問題が世界経済を絶壁の淵まで追い込む（バタフライ効果）とは考えられないと半信半疑の専門家は多かったのです。

事後的にはこの債券の金融工学が絡むリスク算定メカニズムが発端的原因とわかり、検証され規制が強化されるわけですが、このように事前には感知できないとても稀な現象でありながらも起こりえるブラックスワンは存在し、その影響はときに甚大なものになります。

また、新型コロナウイルスの流行も、その直前までは多くの人にとってこのような疫病の大流行は想像の範囲外でした。WHOのパンデミックの認定が遅れたこともその裏付けと言えるでしょう。事前に想定していなかったことが突然起こり、大きなインパクトがあったわけですが、私たちは事後的に対応を重ねて概ねよく対処できたのではないかと思います。

ブラックスワンを別の側面から考えると、ビジネスにおいては、イノベーションはこのような性質が少なからず含まれます。たとえば、PCのOS、インターネット、スマートフォン、ネットワークサービス、生成AI等、それ以前になかったサービスの登場時にはそのインパクトを想定することはなかなか難しいものです。またSNSの隆盛等で現象のバタフライ効果も生じやすくなってきてもいます。その兆しを可能な限り早く察知し、経験した上で、プラス面マイナス面含め事後的に素早く対処できるか、というところは極めて現代的なビジネスの課題となっていると思います。

シグナルとノイズ――KPIによる因果関係の判断の難しさ

第4章のKPIの基本的な見方の中で因果関係の推定に関するものを取り上げました。章立ての都合上で簡便な説明としましたが、因果関係の推定に関しては厳密には相応の慎重な検証が必要になります（因果関係の推定は学術の分野としてあるほどで、本来は厳正な手続きが必要です）。

ただ実験室であれば要因を厳密に制御して結果の変化を確認できますが、社会現象、とくにビジネスの場合は複合的な要因がさまざまに関わっているため、その検証が本来的に難しいことが多いのが現実です。

たとえば「PDCAサイクルを回す」とよく言われますが、厳密な検証は実際にはなかなか難しいものです。つまりC（check）から進まなくなってしまう、あるいは不適切なCで進めてしまいそのPDCAサイクル自体が無意味なものになってしまう、といったことはビジネスの現場では広範に見られます。

ですから、因果関係の推定は重要ではあるものの厳密には難しいという中で、私たちはどの程度の蓋然性（確からしさ）でよしとするかを意識しながら検証するというスタンスが必要であり、ビジネスの現場においてはそれが現実的だと思います。

ビジネス上のプロセス改善において多くの場合に必要とされるのは、ある結果が打ち手の効果なのか（シグナル）、それともたまたまなのか（ノイズ）、という判断だと思います。その場合、1回の試行で判断するのはかなり危ういことです。何回か試してみたとして、何回であれば十分に確からしいと判断できるか、に関しては因果推論（因果関係の推定に関する研究分野）のエキスパートがメンバーにいるのがベストですが、そうでない場合はまず次の簡易的な考え方を応用してみましょう。

たとえばある結果に差が出たとして、打ち手の効果（A）かたまたま（B）かに関して知りたいとします。大まかにまずAとBが半々だと置いて、打ち手を打ってよい結果が1回出た場合と、それが3回続く場合では、3回続いたほうがたまたまである確率は低くなると思います（1回の場合は2分の1、3回の場合は8分の1の確率でBはありうる）。この例から、回数を重ねることでAがより確からしいと判断されること、回数をどこまで重ねても完全にはならないこと、ビジネスの必要に応じた回数で検証をすべきこと（蓋然性としてだいたい80%程度でいいのか99%以上が必要なのか）がイメージできると思います。そして高い蓋然性を求めるにはコストがかかりやすい、ということも理解できるでしょう。

ビジネスの現場ではこのように単純でなくもっと微妙な数値であることが多いと思いますが、このようなフェルミ推定的な考え方を知っておくことで、ただ数字を追うよりも応用が利きやすくなるでしょう。

KPIマネジメントを補完する

ＫＰＩマネジメントは企業運営の基本ではありますが、意思決定を伴うどのようなマネジメントであっても、総合的な見地から補完される要素が常にありえます。それを埋めていくためにはさまざまな議論が必要になりますが、その対話的なプロセスの前提になる、より広い意味でのデータ収集や方法論を紹介していきます。

ビジネスは往々にして最終目標までの道程を未完の状態のまま進んでいくプロセスです。もしこれで完璧だと思えてもすぐ次の瞬間に外部状況／内部状況が変わっていきます。それはビジネスの宿命であるとして、その際に何をどのように捉えて補強・修正していくべきなのでしょうか。

基本的なところから昨今の状況までを踏まえて、有用と思われる事柄をまとめて述べていきたいと思います。

マクロ環境分析との紐付け

企業におけるマクロ経済分析は、主な経済指標（ＧＤＰ成長率、業界の市場規模のＣＡＧＲ等）を選択してマーケットの大きな動向を見えるようにすることが主目的となると思います。それらの指標は直接的にＫＧＩ／ＫＰＩになることはありませんが、外部環境の経済指標として自社のＫＰＩと紐付けをすることによって相対化して捉えることができ、社内外のコミュニケーションがより潤滑になることがあります。

●ＧＤＰ成長率（経済成長率）

国内で一定期間に生み出された経済的付加価値の合計を示す指標がＧＤＰ（Gross Domestic Product）で、その増加率を表したものをＧＤＰ成長率と言います。たとえば日本のある年のＧＤＰが５００兆円だとして、翌年のＧＤＰが５１０兆円である場合、ＧＤＰ成長率は２％となります。

ＧＤＰ成長率は景気を表す最も基本的な指標で、政治経済体制を問わず世界各国で共通した標準的なものです。当該国内のマーケットの需要と供給が拡大傾向か縮小傾向かの全般的な目安となります。政府から発表されますが、その速報値は金融市場、実物市場ともに大きな影響を与えます。

●業界の市場規模と成長率（CAGR）

ある業界の企業が事業を行うにあたって、そのマーケット全体の大きさがどの程度であるかを業界の市場規模と言います。

業界の市場規模がわかれば、そこでの自社の売上のマーケットシェアもわかります。たとえば自社のマーケットシェアを10％から12％にする、といったＫＰＩを設定する基礎データとなります。官公庁の統計や団体の資料が公表されていますので、必要なものを容易に収集することができます。

また「業界」で表される市場も、セグメントを大きく見る場合と細分化して見る場合があります（たとえば「金融業」で言えば「銀行」と「非銀行」で分けたり、非銀行の中で「証券業」や「保険業」でセグメントしたりすることがあります）。セグメントして業界の市場規模を求めたとして、その市場規模の成長率を見ることで、自社の事業の成長率のＫＰＩを策定する目安となります。

成長率を数年単位のＣＡＧＲ（年平均成長率）で見ていく場合もありますが、これは中長期のＫＰＩを策定する際によく参考にされます。

●金利（長期金利・市場金利・政策金利）

市場金利には短期のものから長期のものまでさまざまなレートが存在しますが、とりわけよく取り上げられるのが長期金利です。長期金利は企業価値算定の際に用いられ（リスクフリーレートとも呼ばれます）10年国債の金利がよく参照されます。市場金利は、景気動向に影響を受けて市場（資本市場）で決まります。基本的には、今後の景気がよさそうであれば資金需要の高まりを予想して市場金利は上昇し、景気後退しそうであれば下がります。

また、市場金利は市場のマネー量の影響も受けます。市場のマネー量は自国の金融政策の影響を受けるため、中央銀行（日本では日本銀行）が決定する政策金利を通じて市場の金利水準に影響を与えます（金融政策）。中央銀行は金融政策を通じて物価水準を適正範囲にするとともに、経済活動の活発化や沈静化に寄与することができ、政策金利を下げること（利下げ）によって景気の活発化を促し、政策金利を上げること（利上げ）によって景気の沈静化を図ることができます。

企業は市場金利と政策金利の動向で経済状況を把握し、また資本コスト（資金調達にかかるコスト）の動向を判断します。

●為替レート

為替レートとは通貨間の交換比率のことです。日本円と米ドルであれば、たとえば1ドル＝120円という比率で表されます。為替レートは異なる通貨間で存在しますので、ユーロと日本円、英ポンドと日本円、米ドルとユーロ等さまざまなレートがあります。

為替はとくに輸出入を行っている企業には収支に直接的な影響を与えます。国内取引に限った企業においても、原料の価格等を通じて間接的に影響を受けます。

また短期間での変化が大きい場合には、影響を受けやすい企業であれば日々の為替レートの確認が必要であり、また為替の今後の動向を予想して（場合分け等して）状況に対応する必要があります（為替予約等）。

為替レートは各国の金融政策、金利状況、貿易の状況、経済成長率、政府の負債状況、国際情勢等により影響を受けます。

●インフレ率

モノ（財）の価格は通貨単位で表されますが（たとえば水1リットルが100円）、同一のモノの価格が変化する場合の要因として、モノ自体の多寡（希少性の変化）と、通貨の多寡の両方の影響が考えられます。概してモノが少なく通貨が潤沢な場合、物価は上昇する傾向がありますが、この現象をインフレーション（物価上昇）と呼びます。インフレ率5％という場合は、平均して前年の価格の105％になっているということです。物価は対象範囲によって計測される指標が異なります（CPI、コアCPI等）。

インフレ率は製品やサービスの市場価格に影響を与えるとともに、経済全体の状況を把握するための目安（インフレかデフレか、その程度は、など）となります。また中央銀行の政策金利はインフレ率に影響を与えます。

金利をインフレ率を加味して考える場合があり、それを実質金利と呼びます（加味しないものは名目金利と呼ばれます。「実質金利」＝「名目金利」－「インフレ率」）。実質金利は企業活動により大きな影響を与えます。

●失業率

雇用状況を示す指標として代表的なものに失業率があります。雇用を希望する人の中で雇用がされていない人の割合を示すもので、好況のときには小さく（たとえば2％）、不況のときには大きく（たとえば5％）なるため、景気動向の目安となります。

企業にとっては景気判断とともに、雇用環境の考察の目安にすることができます。失業率が低い場合には人材獲得が難しくなり、賃金の上昇も起きやすいため、それに対応した施策が必要になるでしょう。また、働く人にとっては、大まかに雇用市場の状況の判断をすることができます。

失業率は、経済成長率、インフレ率と密接に関連しています。

以上のような主要な経済指標は、ビジネスパーソンの誰にとっても共通した環境データですから、それに紐付けた数字の議論であれば、社外のステークホルダーや社内の他部署の担当者とも、意見を擦り合わせていくことが容易になると思います。

たとえば、ＧＤＰ成長率や業種別の市場成長率と部署の売上目標を関連付けるだけでも、自社ＫＰＩの妥当性を知る／理解してもらえる手がかりになります。

また、財務担当者であれば、政策金利、長期金利、といったものと自社の債券の利子率、あるいはＷＡＣＣ（加重平均資本コスト）を比較するということは日常的に行っているでしょう。

これらの関連付けは経営者であれば無意識的にやっていることですが、より現場のＫＰＩに引きつけて考えてみることで、多くのメンバーとのコンセンサスを得る必要があるビジネスパーソン全員にとって助けとなるでしょう。

オープンデータ時代のビッグデータ活用

ＩＴの進化によって、私たちが活用できるデータが種類・量ともに飛躍的に増大しています。まずはよく登場する用語を以下に簡単に説明します。

●ビッグデータ

大量データとそれを前提とした一連の解析を指す言葉。大量データを分析することで検証精度が向上するとともに、機械学習やディープラーニング（いわゆるＡＩ）に応用するための材料としても用いられます。

●ＩｏＴ（Internet of Things）

モノのインターネットとも言われ、モノのひとつひとつにデバイスが組み込まれネットワークに接続され、データ収集と制御がなされる環境を指します。

●オルタナティブデータ

従来のデータとは異なる周辺的代替的なデータという意味の言葉で、従来のデータ（たとえば売上総額の推移データや費用額の累計といった財務に集約されるデータ）以外のもの（たとえば各店舗のＰＯＳデータや位置データ、アクセスデータといったもの）を指します。さまざまな対象のデータを逐次で大量に集めることで高精度の予測を短期間で行うアプローチが可能になります。

●ナウキャストデータ

オルタナティブデータをリアルタイム集計して現況の動向の予測をすることをナウキャストと呼びます（未来予測を意味する「フォーキャスト」に対して「今の状況」を意味する）。また、それに関するデータをナウキャストデータと呼ぶことがあります。わかりやすい例では、天気予報（フォーキャスト）に対して現在の天候のリアルタイムデータ（風雨や雲、気温等の逐次のデータ）が気象庁をはじめ各機関から提供されています。見てみるとナウキャストデータの特徴が理解しやすいと思います。

これらのデータにより、たとえば局地的な売上の予測、機械の近い将来の故障の確率予測といったことが可能になります。

オープンデータやＩｏＴの時代になると、自ら設定・収集せずとも自動的に膨大なデータを収集できます。それらを取捨選択したり組み合わせたりしてＫＰＩを設定・運営する、という時代にすでに差し掛かりつつあります。データが増大するとともに分析対象も一気に増えることになりますが、そのようなデータには特徴的なシグナルもあれば、一見してシグナルのようなノイズも混じっています。それらをどのように処理して活用するか、といった統計スキルがこれからより求められていくでしょう。

パラダイムシフト的な側面として言えば、これまでのビジネス環境ではデータを集めるのに労力がかかったりコストがかかったりすることが多かったのに対して（データ∨分析）、これからのビジネス環境では膨大なデータがいくらでも手に入る状態でいかにそれを有効に利用していくか、というスキルがより重要になってくると思います（データ∧分析）。

メタデータの活用

社会物理学（social physics）という学術分野があります。アレックス・ペントランドという米国の学者（著書に『ソーシャル物理学』等）が有名ですが、ある種の行動データ（メタデータ）を数値化して状況を分析する方法論を研究したものです。

たとえば、メールであればその頻度であったり、宛先の多寡、返信にかかる日数（時間）、通信経路といった行動に関わる付属的データを元に（文面等の内容そのものではないためメタデータと呼ばれます）、数量的構造的に状況を把握して改善に活かそう、というものです。

図36
チームの交流パターン（ノードとパス）

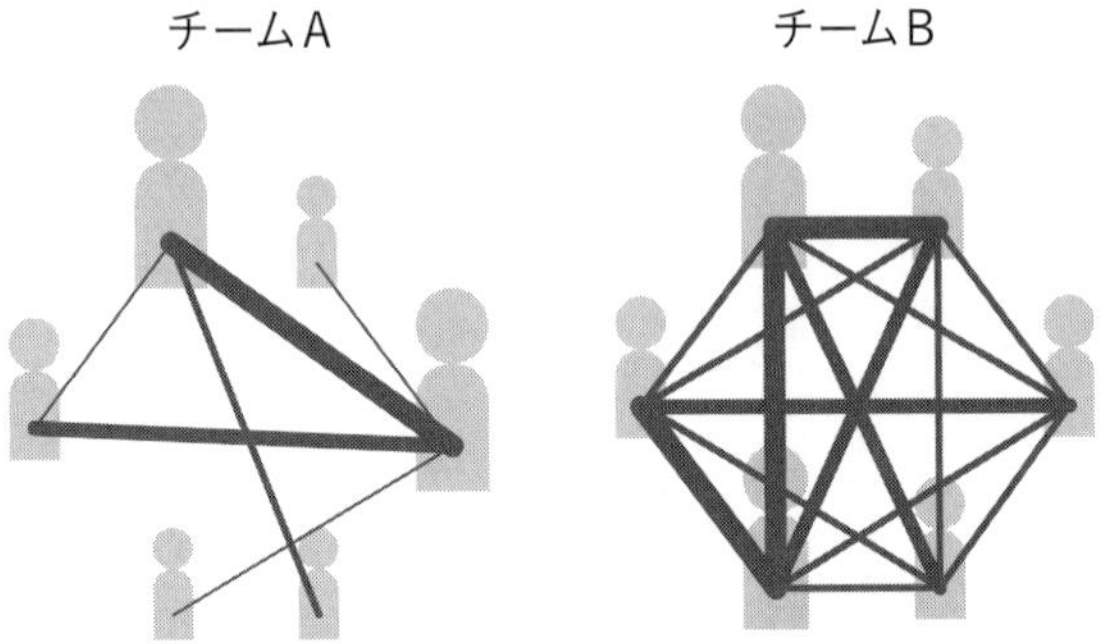

人（ノード）の大きさは発言量を、
線（パス）の太さはコミュニケーション量を示す

メール以外にもさまざまな行動データの把握が行われますが、これにより社内コミュニケーションの構造的な不活性化を修正するための施策を打ったり、より効率的な働き方の秘訣を探ったり、クリエイティビティが誘発される環境設計の工夫を考えたりといったことが可能になります。

ＩＴの進歩によっていろいろな行動データが取得可能になりＫＰＩ化できる環境にもなってきました。また、行動データと既存のＫＰＩを組み合わせることにより（たとえば顧客とのメール頻度と売上高を組み合わせる等）、今後の状況予測の精度を上げていく、といったことも可能になってきています。

これは比較的新しい数値とマネジメントの領域で、今後の活用も活発化していくことが予想されます。ただ、データ取得の方法やデータの保持、権利に関して新しい問題も出てきていますので、実際の運用のためにはまだ解決策が多く求められるところでもあります。

終章

KPIはコミュニケーションのために

本書の最後に、ＫＰＩによるコミュニケーションの重要性を再度述べたいと思います。

たとえば部署間でのコミュニケーションが取りにくい、あるいは、サイロ化（たこつぼ化）してしまう、ということはどんな企業であってもなかなか避け難い永遠の課題です。

それに対処する方策として私はできるだけＫＰＩをオープンにしていくことが有用ではないかと思っています。

業務の異なる環境では、ビジネスに必要な資質やリソースが異なることは当然であり、さらには部署間の競争や、利得の相反する局面も生じやすいでしょう。自部署を大切に思えばこそ、他部署に対して壁を作ってしまうということもあるのだろうと思います。

「あの人たちはわかっていない」そう言いたくなる瞬間も少なからずあるでしょう。

そしてそのような人は困った人ではなく、むしろ仕事熱心で自身の仕事に誇りを持っている優秀な人であることが多いと思います。

それぞれの部署でそのようなことが起こっているとすれば、どうしても組織はサイロ化してしまいます。みな仕事に熱心であるがゆえにサイロ化が進んでしまうのであれば、これは非常にもったいないことだと感じます。


なんとか「相互理解」ができれば、あるいはそれを進めようと思えるだけでも、状況が改善する余地が出てきます。その相互理解を可能にしていくためには、ＫＰＩのオープン化がとても有効なのではないかと思っています。

ＫＰＩを共有することで、その人が何のためにどのようなことをしたいと思っているかがとてもわかりやすくなります。今まで他部署から言われていた耳の痛い意見も、じつは重要な意味があったと理解できることも増えるでしょう。

また、何かで困っていることがわかったら「そういう状況であればこのようなことはこちらでやれます」と協力を提案してくれるかもしれません。こちらも相手の欲しているものがわかれば、なんらかのお返しをすることもできるでしょう。

もちろん人間の性として疑心暗鬼になってしまうことはゼロにはできないかもしれ

ません。ただ、相手を理解すること、とくに定量的な客観性で理解することでそれをずいぶんと減らしてくれると思います。

KPIのオープン化には抵抗を覚える人もいるのではないかと思います。まるで自分の目標とする科目のテストの点数をみなに公表するような気持ちになってしまう、というのも理解できるところです。それを払拭するためには、やはりある程度以上の心理的安全性が会社内に必要なのだろうと思います。

その上で勇気を持ってKPIをオープンにし、そして相手のKPIに対しても興味を持つことができれば、意思疎通が進み、相互理解が可能になり、疑心暗鬼は減り、利他的な発想も自然に生まれてきやすくなるのではないか。そして、組織のサイロも徐々に溶けて、ときに複雑化する組織の問題にも解決法が見出しやすくなるのではないか。私はそう考えており、KPIによるコミュニケーションとそれを支える心理的安全性が組織の健全化に果たせる役割は案外と大きいと思っています。

データはそれ自体はドライなものですが、そのドライさゆえに異なる環境の人たちを結びつける役割ができる、そのような場面を私は何度も目にしてきました。これが私がＫＰＩを好きになった理由であり、多くの方々にお勧めしたいと思う動機になっています。

あとがき

本書では、ＫＰＩをシンプルに設定して管理することの重要性を説いてきました。

私たちの置かれている環境は千差万別ですし、専門用語やバズワードは時代により移り変わってしまいやすいものでもあります。

それは常だとしても、より多くの方々に実際の現場で応用する際のベースとなるよう、可能な限り要点をシンプルに解説するように努めました。

ＫＰＩマネジメントは一見して、数字を相手にする無機質なものという印象を持たれがちかもしれません。ですが、これほど業務改善に役立つものはありませんし、企業運営全体の成り立ちと有機的なつながりを理解するのに有用な方法もないのではないかと思います。

数字は万国共通の言語でもあります。ＫＰＩの数字を通じてコミュニケーションをすることができれば、隣席の同僚、他部署の社員、また社外のカウンターパートともより意思疎通がしやすくなると思います。

ＫＰＩの役目は「状況を把握し、打ち手を打つ」ことと本書では繰り返し申し上げてきました。それとともにＫＰＩは「コミュニケーション言語」としての役割もとても大きなものだと思います。

そしてＫＰＩがあることで、さまざまな経験が私たちの〝経験値〟となって記憶されます。それは日々着実に蓄積していき、個人にとって、また組織にとっての大きな財産となっていくでしょう。

本書が円滑なコミュニケーションの役に立ち、実りある実績に結びつき、興味深い発見につながる、その一助になることを願っています。

＊　＊　＊

本書は私のこれまでの実務および研究、取材、コンサルティングの経験に基づいて書かれています。長年の仕事から私に蓄積されたさまざまなものが本書の内容と執筆動機となっていますが、その意味ではこれまで私と一緒に仕事をしてくださった方との共著とも言えます。この場をお借りし、関わってくださった皆さまに御礼を申し上げます。

また本書をお読みになり、活用くださった方にも厚く御礼を申し上げます。共通の意識を持って仕事を成した、その同僚の一人として私を加えていただけましたら望外の幸せです。

最後に、本書の制作に際していくつかの難所がありましたが、その状況下において心強くも温かく支えてくださった編集者の石純馨氏と赤木裕介氏に感謝を申し上げます。

2023年6月

佐々木一寿

著者略歴

佐々木 一寿（ささき・かずとし）

経済評論家、作家。大手メディアグループ経済系・報道系記者／編集者、ビジネススクール研究員／出版局編集委員、民間企業研究所にて経済学、経営学、社会学、心理学、行動科学の研究に従事。著書に『経済学的にありえない。』など。コラムも多数

日経文庫 B144

KPIマネジメント

2023年7月21日　1版1刷

著者　佐々木一寿

発行者　國分正哉

発　行　株式会社日経BP
日本経済新聞出版

発　売　株式会社日経BPマーケティング
〒105-8308　東京都港区虎ノ門4-3-12

装幀　next door design
本文デザイン　野田明果
組版　マーリンクレイン
印刷・製本　三松堂

 ISBN978-4-296-11840-3
Printed in Japan